KB216317

슈리 푼자와의 삿상 2

# 그대는 누구인가

슈리 푼자와의 삿상 2

# 그대는 누구인가

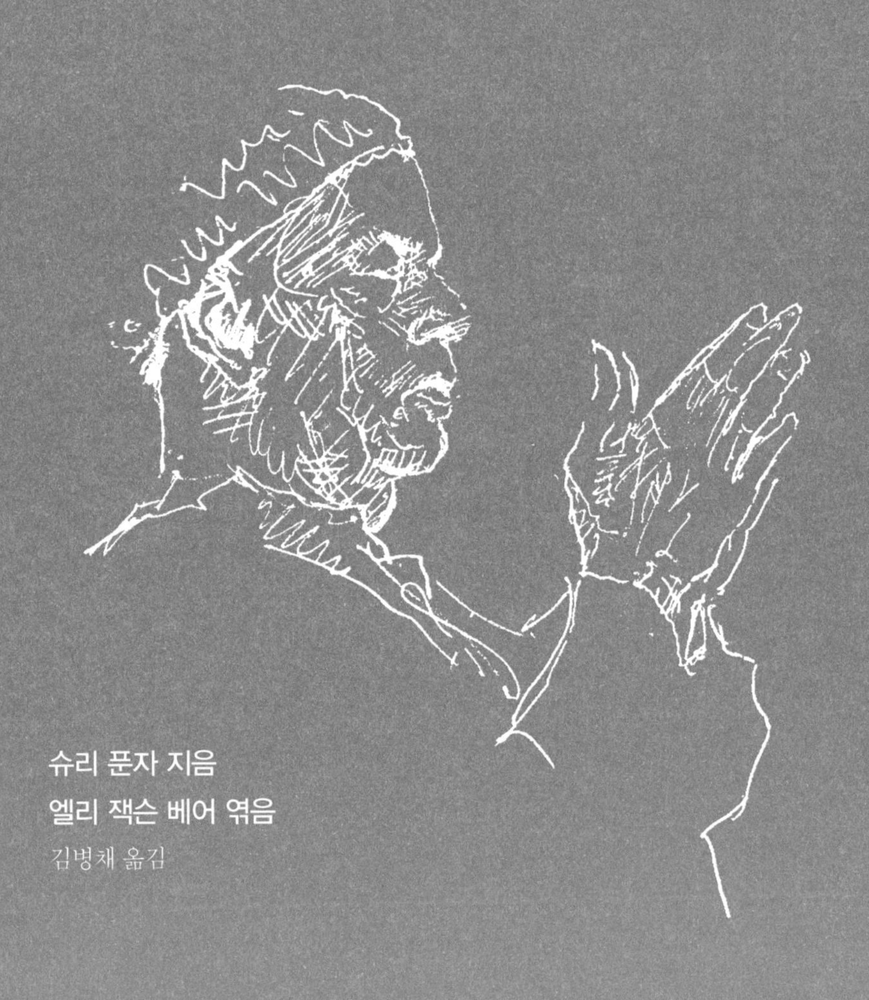


슈리 푼자 지음

엘리 잭슨 베어 엮음

김병채 옮김



슈리 크리슈나다스 아쉬람

**일러두기**

1. 이 책은 인도 럭나우와 하리드와르에서 1990년 1월부터 1991년 4월 사이에 열린 슈리 푼자와의 삿상에서 오간 대화를 엘리 잭슨 베어가 엮은 것이다. 누구에게나 개방된 이 삿상은 완전하게 나를 깨달은 참 스승인 슈리 H. W. L. 푼자의 집에서 열렸다. 여러 참석자들의 질문이 여기에서는 한 목소리로 제시되어 있다.

2. 이 책의 초판은 1998년 하남출판사에서 나왔다. 이번의 판에서는 번역상의 오류나 모호한 점을 바로 잡았으며, '슈리 푼자의 삶'에서 저자의 깨달음의 여정을 독자들에게 자세히 드러내 보이고자 하였다. 그리고 '옮긴이의 말'도 새롭게 다듬어 선보이고 있다. 이러한 것들이 이 책에 신선함을 불어넣을 것이다.

바가반 슈리 라마나 마하리쉬
Bhagavan Sri Ramana Maharshi

# 목차

이 칼리 유가의 시대에 슈리 라마나는

삿트와의 땅에

침묵과 '나' 탐구의 기초를 다졌다.

이 때문에 그는 마하리쉬라 불린다.

슈리 푼자는 이 침묵의 불꽃을

시장에 던졌다.

그는 활동의 땅에다

오묘한 불씨를 당겼다.

그 불씨로 온 세상이 불타고 있다.

이 때문에 그는 모든 이들로부터

사랑하는 아버지

파파지라 불린다.

—그를 따르는 한 아들이

# 개정판 서문

진리는 생각 너머에 있다.

개정판을 내고자 다시 이 책을 보니 진리로 가게 하는 보석들이 가득 담긴 바구니이다. 세상에 이런 책이 있다니……

역자는 행복을, 자유를, 진리를 찾는 삶을 산 것 같다. 어떤 직업이 그것을 주지 않을 것 같으면 그냥 그만두었다. 그래서 많은 직업들을 가지게 되었다.

종교 생활도 하였다. 처음에는 스승을 예수로 한 종교였다. 나중에는 스승을 붓다로 한 종교를 알고자 하였다. 명상이 궁금하였다.

그렇게 대구로, 서울로, 수덕사로, 서귀포로, 부산으로, 창원으로, 송광사로 방황을 하다가 명상을 제대로 알고자 40대 초에 인도로 가게 되었다. 그곳은 생활 그자체가 명상이었다. 뉴델리로, 알란디로, 푸네로, 이

가타푸리로, 붓다가야로, 콜카타로, 티루반나말라이로, 오로빌로, 샨티니케탄으로, 켈커타로, 하리드와르로, 다람살라로 몇 달을 다녔다. 그곳의 수행의 역사와 깊이들을 보고 놀랐다. 그래서 이번 생애에 목표에 이르기가 어렵다는 것을 알고 포기하였다.

고국으로 돌아오고자 뉴델리로 왔다. 붓다의 나라에서 다시 돌아온다는 것이 너무나 애석하였다. 수첩을 뒤적이다가 한분의 이름을 찾아냈다. 그 다음 날 그분을 만나기 위하여 하리드와르로 가고 있었다. 하리는 신 크리슈나의 다른 이름이다.

그때 나는 진리에 목이 말라 있었다. 나는 그러한 상태에서 깨달음을 얻은 스승을 만나러 가고 있는 것이었다. 10시 30분경에 그곳에 도착하였다. 파파지께서는 깨끗한 모습으로 침상에 홀로 앉아 계셨다. 나는 그 분의 발 아래로 바로 들어가게 되었다.

"어디를 다녔습니까?"
"여러 곳들을 다녔지만 라마나스라맘에 오래 머물렀습니다."

라마나스라맘을 이 분은 아실까 하는 생각이 들기도 하였다. 이곳은 남쪽의 아루나찰라 산기슭이 아니라, 북쪽의 갠지스 강가가 아닌가……

"저는 쉬고 싶습니다."

"그렇다면 이 아래에 호텔이 있는데 거기로 가서 여장을 풀고 목욕하고 쉬십시오."

그때쯤 나는 마음이 나의 존재의 중심이 아니라는 것을 어렴풋이 아는 정도로는 성숙되어 있었다. 그렇다고 마음 너머의 무엇을 경험한 것도 아니었다. 인도에서의 구도 여행은 고되다. 몸은 물론이고 마음은 진리에 알지 못하여 너무나 피곤하였다.

"저는 몸이 피곤한 것이 아니라 마음이 피곤합니다." 깊은 눈동자를 나에게 주시면서 "그대는 마음이 아닙니다."라고 하셨다. 마음 너머에 계시는 분이 진리를 말씀하셨다. 그분의 말씀은 말씀이 아니라 바로 은총이셨다. 진정한 스승을 나는 만난 것이었다.

나는 내가 마음이 아니라는 말씀을 듣고 그것을 이해했다. 그래서 그것을 완전히 받아들였다. 내가 마음이 아니니 앞의 분이 사라졌다. 그 방도 사라졌다. 세상도 사라졌다. 나는 마음 너머에 있는 다른 차원으로 갔다. 끝이 보이지 않는 빛나는 바다, 황홀경의 바다만이 있었다. 나는 그것이었다.

얼마나 시간이 흘렀는지 나는 모른다. 그 상황을 지켜보고 계시든 스승님께서는 웃으시면서 되돌아온 나에게 말씀을 하시다.

“그대는 붓다입니다. 그것이 끝입니다. 구도의 길을 접고 당장 고국으로 돌아가십시오.”

제1장

# 자유의 외침

생각이 물결치는 강이 있습니다. 모든 사람이 강 아래로 떠밀려 내려가고 있습니다. 모든 사람이 생각에 집착하며 떠내려가고 있습니다.

"나는 자유로워지고 싶다."라는 이 생각만을 일으키십시오. 온 인류 가운데서도 이 생각을 일으키는 사람은 드물 것입니다. 지상에 살고 있는 대부분의 사람들이 하류로 떠내려가고 있습니다. 그들은 "나는 바로 이번 생에 깨닫기를 원한다."라는 생각을 일으킬 운명을 타고 나지 못했습니다.

그래서 나는 근원을 향하여 강물을 거슬러 올라갈 수 있도록 이 자유롭고 싶다는 생각을 일으키라고 말합니다. 이 생각을 일으키는 데는 어떤 노력도 들지 않습니다. "나는 자유롭고 싶다."라는 생각 자체가 자유입니다. 이 생각은 그대를 자유로 인도할 것입니다. 이것은 가장 희귀한 생각입니다. 60억의 인류 중 오직 소수만이 이 생각을 일으킵니다.

스승님, 저는 스승님 곁에 머문 지 나흘이 되었는데도 아직 깨닫지 못하고 있습니다.

(웃으며) 그래, 그대같이 영특한 사람이 아직 깨닫지 못했다니 놀랍군요.

제가 어떻게 해야 합니까?

나의 스승이 내게 해 준 말을 그대에게 들려주겠습니다. 오직 침묵하십시오. 이 침묵은 말을 하든 안 하든 상관이 없습니다. 이 침묵은 어떤 행위와도 상관이 없습니다. 오직 마음이 침묵 속에 잠기게 하십시오. 이것으로 충분합니다.

잠깐만요. 저는 스승님께서 금방 저 사람에게 한 말이 이해되지 않습니다. 지금까지 저는 해방에 이르려면 오랫동안 수행해야 하며 여러 생애에 걸쳐 수련하고 힘들게 노력해야 한다고 들었습니다. 그런데 지금 스승님께서는 벽에 있는 스위치를 켜듯 인식을 바꾸기만 하면 해방될 수 있다고 말씀하십니다. 그렇습니까?

그대는 스위치를 켜거나 끌 필요가 없습니다. 그대가 스위치를 켜야 태양이 빛납니까?

아닙니다.

똑같습니다. 이 빛은 늘 존재하고 있습니다. 어떤 스위치도 없습니다. 태양은 스위치가 없습니다. 그대가 얼굴을 돌리고서 그것을 밤이라 부릅니다. 태양은 밤도 없고 낮도 없습니다. 그대가 바로 그 태양입니다. 태양은 그대 자신의 빛이며, 그대가 태양입니다. 그대에게는 스위치가 필요 없습니다. 스위치들은 한계들입니다. 그대는 스스로 이 한계들을 자신에게 붙였습니다. 자연은 어떤 스위치도 붙이지 않았습니다.

"나는 이것을 원한다. 나는 저것을 원한다. 나는 이것을 싫어한다. 나는 저것을 좋아한다." 만약 그대가 좋아함과 싫어함이라는 이 스위치를 떼어내 버리면 어떤 느낌이 듭니까? 즉시 그대는 자유로워질 것입니다. 좋아함과 싫어함은 그대를 속박하고 고통스럽게 합니다.

스위치를 붙일 벽도 없습니다. 벽들은, 나라들 사이의 벽처럼, 상상 속에만 존재합니다. 그대는 그대와 다른 존재 사이에 이 벽을 만들었습니다. 그대는 존재하지 않는 벽을 부수어야 합니다.

그대가 만들어 놓은 이 경계는 고통입니다. 그대는 스스로 그것을 부수어야 합니다. 아무도 그대를 돕지 않을 것입니다.

"아무도 그대를 돕지 않을 것입니다."라는 말은 무슨 뜻입니까?

나가 나를 도와야 합니다. 다른 누구도 도울 수 없습니다. 그 밖에 누가 이 벽을 허물겠습니까? 그대가 자신을 도와야 합니다. 살펴보십시오, 나 바깥에 존재한다는 것이 가능한 일입니까?

먼저 "나는 도움 받기를 원한다."라고 말하십시오. 그리고 누가 도움을 필요로 하는지를 찾아보십시오. 나는 고통을 당하고 있지 않습니다. 나는 묶여 있지 않습니다. 나는 늘 자유롭습니다.

그러면 고통을 겪고 있는 것은 벽에 집착하고 있는 마음이라는 말씀입니까?

그렇습니다. 누가 분리를 만들었습니까? 마음이 분리를 만들었고, '마음 없음'이 이 분리를 없앨 것입니다. 분리는 존재하지 않습니다. "나는 분리되어 있다."라는 말조차 농담에 불과합니다.

이해해야 할 것이 있을 때에만 이해가 필요합니다. 전에 크리슈나무르티의 제자들이 나를 만나러 온 적이 있었습니다. 그들은 크리슈나무르티와 나의 가르침이 다른 점은 한 가지뿐이라고 말했습니다. "크리슈나무르티는 그릇에 담긴 개념을 없애고, 푼자 님은 그릇까지 함께 깨뜨립니다." (웃음)

그러므로 그대 자신에게 약간의 시간을, 짧은 순간이라도 허락하십시오. 그런데 이 시간에는 어떤 방해도 있으면 안 됩니다. 몇 초만 내어 보십시오. 이 순간에는 누구도 끼어들어서는 안 됩니다. 몇 초 정도는 낼 수 있을 것입니다. 그대는 그대의 온 삶을 다른 사람들을 위해 썼지만, 그대의 나를 위해서는 일 분도 쓰지 않았습니다.

모든 사람이 그대를 소유하고 있습니다. 그대가 태어났을 때, 부모는 그대를 '나의 아들'이라고 부릅니다. 그 다음에 학교에 가면 그대는 '나의 학생'이 됩니다. 결혼을 하면 '나의 남편'이 됩니다. 자녀를 낳으면 '나의 아버지'가 됩니다. 이 소유를 없애십시오. 누구도 그대를 소유하지 못하게 하십시오. 모든 것을 물리치고 난 뒤 무슨 일이 일어나는지 보십시오.

그대는 그대의 나에게 얼마간의 시간을 바쳐야 합니다, 지금 아니면 다음 생에. 그대는 집으로 가야 합니다. 피할 길은 없습니다. 그대는 집으로 돌아가야 합니다. 지금 아니면 내일. 그대는 더 놀고 싶은지를 결정해야 합니다. 더 놀아도 상관없습니다. 결국은 아무런 문제가 되지 않습니다.

그대는 시간이 걸릴 것이라 생각합니다. 그대는 이미 자유롭기 때문에 들여야 할 시간이 없습니다. 자유롭지 않다는 것은 그대의 환영일 뿐입니다. 행복해지기를 바란다면 단 한 번만이라도 시간을 바쳐야 합니다. 그 순간 그대는 산 정상에 서서 팔을 치켜들며, "나는 자유롭다!"라고, "유레카!"라고 외칩니다. 이것은 행복한 순간입니다. 너무나 행복한 순간입니다.

무엇이 그대를 자유롭지 못하게 합니까? 무엇이 장애입니까?

저에게 너무 많은 생각들이 일어날 때가 많습니다. 생각들을 없애기가 너무나 어렵습니다.

무슨 생각들이 있습니까? 자유롭고 싶다는 생각을 일으킬 수 있습니까?

예.

자유롭고 싶다는 이 생각을 붙드십시오. 다른 생각이 동시에 떠오릅니까?

아닙니다.

마음은 한 번에 한 생각만 붙들 수 있습니다.

알겠습니다.

자유롭고 싶다는 이 생각을 어떤 생각이 대체하는지 말해 보십시오. 이 생각을 대체할 다른 생각을 일으켜 보십시오. 그대가 가장 좋아하는 다른 생각을. 해 보십시오…… 해 보십시오!

이 생각을 버리고 싶지 않습니다.

아주 좋습니다. 아주 훌륭합니다. 그대가 이 생각을 좋아할 때, 이 생각은 그대를 어디로 안내합니까? 다른 생각들은 어디에 있습니까? 자유는 어디에 있습니까? 그대에게서 몇 킬로미터나 떨어져 있습니까?

저에게서 멀리 떨어져 있는 것 같지 않습니다.

자유가 그대에게서 멀리 떨어져 있지 않다면, 그대가 여기에 이르는데 얼마나 많은 시간이 필요합니까? 그대 자신으로 존재하는 데에 얼마나 많은 시간이 필요합니까? 그것은 지금 여기에 있습니다. 지금 여기에 존재하는 데에 얼마나 많은 시간이 필요합니까?

최소한의 시간입니다.

최소한의 시간이라고 해 두십시오. 그것을 이 순간이라 불러야 합니까? 찰나? 최소한의 시간. 이 순간은 시간입니다. 이제 이 순간을, 최소한의 시간을 바라보십시오. 이 순간을 들여다보십시오, 그것이 멀리 있지 않다면. 지금 당장 그 속으로 뛰어드십시오.

어떻게요?

지금!

(큰 웃음)

자, 지금 무슨 생각이 있습니까?

아무 생각도 없습니다. 오직 이 지금뿐.

지금은 아무 생각도 그대를 괴롭히지 않는다고요?

제가 생각들을 찾고 있을 뿐입니다.

그래, 그래. 계속 생각들을 찾아보십시오. 그대가 무슨 말을 하고 있는지 알고 있습니까?

예.

그대가 생각을 찾지 않으면, 생각들이 그대를 찾을 것입니다. 그대가 바라보지 않으면, 모든 생각들이 그대를 공격할 것입니다. 해 보십시오.

그대는 생각을 찾고 있는데, 생각을 붙잡았습니까?

생각들이 사라졌습니다.

생각들이 사라졌을 때, 그대는 누구입니까?

(침묵)

이것이 그대가 나에게 할 수 있는 최상의 답입니다. 그렇게 머무십시오. 그대가 침묵에서 벗어나면 고통이 있을 것입니다. 그대는 아무것도 필요치 않습니다. 영원이 여기에 있습니다. 행복이 여기에 있습니다. 어떤 죽음도 이 침묵으로 들어올 수 없습니다. 어떤 괴로움도 여기로 들어올 수 없습니다. 벗어나면 삼사라(samsara)가, 태어남과 죽음의 끝없는 순환이 있습니다. 어떤 생각도, 어떤 개념도 여기로 들어올 수 없습니다. 모든 욕망들은 이곳 텅 빔 안에서 충족됩니다. 아무리 욕망을 뒤좇아도, 그것들은 결코 채워지지 않습니다.

제 평생, 심지어 어린 소년이었을 때조차도, 자유를 향한 욕망은 모든 다른 욕망들보다도 더 강했습니다. 하지만 그것은 욕망이라기보다는 간절한 소망 같았습니다.

다른 욕망들은 저를 바깥으로 끌고 가지만, 이 욕망은 저를 안으로 잡아당기는 것 같습니다. 다른 욕망들은 왔다가 지나가고 생각과 함께 바뀌지만, 자유를 향한 이 욕망은 신기하게도 그대로 머물러 있는 것 같습니다. 자유를 향한 욕망은 늘 그 자리에서 불타고 있습니다. 그것은 마음보다 더 깊은 곳에 있는 것 같습니다. 정말로 그렇습니까?

이것은 가장 강한 욕망입니다. 다른 욕망들은 모두 표면에 있습니다. 그것들은 일어나고 사라집니다. 자유를 향한 욕망은 강렬하며 그대는 그 욕망에 응답해야 합니다. 그대가 응답하면, 이 욕망은 그대를 집으로 데려다 줄 것입니다. 만약 이번 생애에 충족되지 않는다면, 그 욕망은 계속 그대를 괴롭힐 것입니다.

그대가 좋아하든 싫어하든 이 욕망은 충족되어야 합니다. 그대가 여기에 온 까닭은 그 때문입니다. 얼마나 우스운가요! 그대가 어디를 가든 어떤 모습으로 다시 태어나든 이 욕망은 늘 그대를 따라다닐 것입니다. 결코 떠나지 않을 것입니다. 이 욕망은 그대를 여기에 오도록 어떻게 떠밀었습니까? 그대는 직장도 일도 버렸습니다. 왜 그대는 여기로 와야 했습니까? 생각해 보십시오. 그대는 집으로 돌아가야 합니다! 그대가 얼마나 오랫동안 시장에 머물 수 있겠습니까?

이 욕망에 대한 유일한 응답은 마음이 시작되는 근원을 들여다보는 것 같습니다.

생각들이 일어나는 곳으로 가서 그곳에 머무는 것입니다. 그것이 응답입니다. 그렇지 않습니까?

그렇습니다. 끊임없이 마음을 살펴야 합니다. 끊임없이. 그러면 그대가 누구인지를 알게 될 것입니다.

제2장

# 정화

정화라는 개념을 생각해 보면 우습게 느껴집니다. 정화가 필요한 것인지 스승님의 말씀을 듣고 싶습니다. 많은 스승들은 깨달음이 더 강력해지려면 더욱 정화해야 한다고 제자들에게 말합니다.

먼저, 제자를 정화시키려 한다면, 그것은 스승의 마음속에 먼지가 있으며 그는 누군가가 쓸어 내기를 바라고 있다는 뜻입니다. 그러나 진실을 말하자면, 먼지라는 것은 없습니다. 더럽지 않은 것을 정화하는 것은 시간 낭비일 뿐입니다. 쌓여 있다는 먼지는 어디에서 왔습니까? 이 먼지를 어디로 치울 것입니까? 어디에다 버릴 것입니까? 어떤 빗자루로 쓸어 낼 것입니까? 잘 보면, 먼지가 내려앉을 곳은 없습니다. 오히려 정화라는 개념을 없애는 편이 더 낫습니다. 그대는 텅 빔 그 자체입니다. 어디에 먼지가 내려앉을 수 있겠습니까?

제3장

# 그대는 누구인가

처음 온 방문객이 '그대는 누구인가?'라는 질문을 받았습니다. 그대는 누구입니까? 그대는 인도인이니까 5분을 주겠습니다. 저들은 내가 그대를 더 잘 대접한다고 생각할 것입니다. 저들은 모두 외국인이고 그대는 인도인이기 때문입니다. 그러니 그렇게 하겠습니다. 이 질문에 답할 시간을 5분 주겠습니다.

5분이라고요? 저는 이 질문을 붙잡고 2년 반이나 씨름하고 있습니다!

그대의 말이 옳습니다. 5분은 너무 깁니다. 하지만 그대는 손님입니다. 나는 그대를 잘 대접하고 싶습니다. 그런데 그대가 살고 있는 칸푸르에서 여기까지는 거리가 얼마나 됩니까?

대략 90킬로미터 가량이고 3시간쯤 걸립니다.

3시간. 왜 3시간이 걸립니까?

거리 때문입니다.

좋습니다. 그런데 "나는 누구인가?"라고 묻고 있는 '나'는 어디에 있습니까? "나는 누구인가?"라는 물음 속의 '나'는 어디에 있습니까? 나는 그대에게 친절을 베풀어 5분의 여유를 주었습니다. 그러나 만약 아무 공간도 거리도 없다면, 그대의 대답은 시간이 걸리지 않아야 합니다!

어제 스승님께서 복종에 관해 말씀하셨을 때 저는 깊은 감동을 받았습니다. 스승님께서는 순간순간 복종하며 살아야 하고 그 매 순간에 복종해야 한다고 말씀하셨습니다.

그렇습니다.

그런데 복종에는 이원이 담겨 있습니다. 그렇지 않습니까?

그것은 그대 자신의 나입니다. 어디에 이원이 있습니까?

오직 나만 존재합니다.

그대는 그대의 나를 사랑합니다. 그것은 복종이 아닙니까?

강물이 바다로 흘러들어 바다와 하나가 되는 것, 그것은 복종이 아닙니까? 강이 바다를 만나기 위해 돌아가는 것, 그대는 복종이라고 표현할 수 있습니다. 복종이라고 해도 좋고, 근원으로 돌아간다고 해도 좋습니다. 바다는 그대를 받아들이게 되어 행복합니다.

다른 존재에게 복종하고 있다면 그것은 이원일 것입니다. 그러나 어디에 이원이 있습니까? 그대의 몸은 두 손과 두 발, 코, 열 손가락 등 수많은 부분들로 이루어져 있지만 그대가'나'라고 말할 때, 그것이 이원입니까?

거울에 얼굴을 비추어 보십시오. 그 속에 두 사람이 있습니까? 진실을 알면 이원이 없음을 알게 됩니다. 태초부터 우주의 종말까지 늘…….

나가 스스로 즐기기 위해 다수(多數)를 만든다고 생각합니다.

윤회의 바다를 건널 때 그대는'하나'가 비어 있음을 깨닫게 될 것입니다. 꿈꾸는 동안 그대는 서로 다른 수많은 사람을 보고, 한없이 오래된 산들과 무수한 별들과 그 밖의 것들을 봅니다. 꿈에서 깨고 나면, 그대가 꿈에서 본 것은 하나입니까, 다수입니까?

하나 안의 꿈입니다.

그대가 깨어날 때 그 하나도 사라집니다. 이원도 사라집니다. 깨어 있지만 실제로는 잠들어 있는 이 상태에서 진정으로 깨어날 때, 그대는 공으로 돌아갑니다. 대상들을 볼 때마다 우리는 꿈을 꾸고 있습니다. 꿈꾸는 것은 잠들어 있는 것입니다. 그러므로 그대는 "나는 자유롭고 싶다!"고 외치며 깨어나야 합니다. 이 외침과 더불어 그대는 깨어나고 모든 것은 사라질 것입니다. 그렇지 않으면 그대는 칼파(kalpa)가 끝없이 순환하는 세상에 다시 또다시 태어날 것입니다.

깨달음이나 나 실현은 자각, 즉 참 존재(Being)에 대한 자명한 자각입니까?

그렇습니다. 깨달음이란 자각입니다. 완전한 자각 혹은 참 존재는 같은 것입니다. 차이가 없습니다. 완전한 자각. 모든 것이 거기에 있습니다. 그대는 그 자각입니다.

제게는 이 자각이 있습니다. 하지만 모두 알다시피 스승님의 깨달음은 저의 깨달음보다 훨씬 더 깊습니다. 차이가 무엇입니까?

그대가 차이를 만듭니다. 그러지 않으면 아무런 차이가 없습니다.

만약 제가 스승님 자리에 앉아 있으면, 일주일 뒤에는 아무도 찾아오지 않을 것입니다.

한번 해 보십시오. 이리 오십시오. (모두 웃음) 나도 이 차이점을 나의 스승께 질문했습니다. 나의 스승은 차이가 없다고 했고, 나는 그 말을 받아들였습니다.

그것이 문제인 것 같습니다. 저는 충분히 받아들이지 않고 있습니다. 그러나 제게는 그것이 있습니다.

충분히 받아들이지 않는다고요? (웃음) 나는 그 말을 받아들였습니다. 그러자 아무 문제도 없었습니다. 그대가 받아들이면 아무런 문제도 없을 것입니다. "나는 자유롭다."를 받아들이면 그대는 자유롭습니다. "나는 자유롭지 않다."를 받아들이면 자유롭지 않습니다.

어제 스승님께서는 누구나 언젠가는 진리를 직면해야 한다고 말씀하셨습니다. 만약 제가 그 점을 거리낌 없이 믿는다면, 그때 저는 깨달은 것입니까?

아닙니다. 참 존재(I AM)는 그대가 믿든 믿지 않든 상관이 없습니다.

참 존재의 관점에서는 아무런 차이가 없습니다. 참 존재를 완전히 받아들이십시오. 그것이 전부입니다. 그대가 받아들임에 정도를 둔다면, 예를 들어 "천천히 받아들여 보자. 받아들임을 실천해 보자."라고 하면, 그대는 천천히 받아들일 것입니다. 그것은 그대에게 달려있습니다. 그것은 변하지 않을 것입니다.

깨달음은 오늘, 내일 혹은 그 다음 날에도 변하지 않을 것입니다. 그것은 같은 채로 있습니다. 지금 얻든지 일 년 뒤 혹은 이 생애 동안에 얻든지 깨달음은 변치 않을 것입니다.

그대는 깨달음을 받아들이지 않습니다. 완전히 받아들여 보십시오. 그러면 어디에 문제가 있습니까? 그대는 이미 자유롭습니다. 그대가 자유롭지 않다고 누가 말합니까? 그대는 깨달음에 문을 열지 않고 있습니다. "나는 자유롭다."라고 말하기조차 두려워합니다. 나는 그대가 무엇을 두려워하는지 모르겠습니다.

사람들은 "나는 묶여 있다. 나는 고통스럽다. 나는 비참하다."라고 말할 때는 편하게 말합니다. 그런데 "나는 자유롭다! 나는 불멸이다!"라고는 아무도 말하지 않습니다. 이것은 누구의 잘못입니까? 그대가 말하고 생각하는 일이 그대로 일어날 것입니다. 그것은 실현될 것입니다, 지금 아니면 내일. "나는 자유롭다."라고 생각하십시오. 그러면 그대는 자유롭습니다.

사람들은 자유를 간절히 원하지 않습니다. 얼마나 많은 사람들이 자유를 갈망합니까? 나는 그대가 이미 자유롭다고 말하지만 그대는 받아들이지 않습니다. 그대는 무엇인가를 하고 싶어 합니다. 자유는 노력이 필요 없습니다. 다른 것을 얻으려면 노력이 필요할 수 있습니다. 자유는 무료입니다. 노력이 필요 없습니다.

더 이상 애쓰지 말고 그냥 받아들이라는 말씀이군요.

그러면 자유가 있을 것입니다. 아무런 노력도 하지 않으면 여기에 자유가 있습니다. 붙잡으려 하면 자유는 더 멀리 가 버립니다. 이미 여기에 있는 것을 붙잡으려 애쓰고 있기 때문입니다.

잘 배웠습니다. 정말 감사합니다.

(웃으며) 훌륭합니다. 이 점을 배웠다면 그대의 공부는 끝났습니다. 어떤 노력도 하지 않으면 그대는 바로 그것(That)이 됩니다.

자유를 향한 욕망과 '나는 누구인가?'라는 생각, 이 둘은 같은 것입니까?

같습니다. 동일합니다. 그대에게 자유롭고 싶다는 욕망이 있다면 "나는 누구인가?"는 그대를 돌아오게 합니다. 누구에게 이 욕망이 일어났습니까? "나에게."라고 그대는 답합니다. 그러면 그대가 누구인지를 발견하십시오.

자유는 지금 이 순간을 믿는 것입니까?

지금 이 순간을 믿는다고요? 지금 이 순간, 믿을 누가 어디에 있습니까? 지금 이 순간에서, 믿는다는 것은 늘 과거에 대한 것입니다. 그대가 어떻게 지금 이 순간을 믿을 수 있다는 말입니까? 믿음이라는 단어는 그대를 과거로 데려갑니다.

제가 말한 믿음이란 지금 이 순간 말고는 아무것도 없다는 의미였습니다.

그래요. 그 말이 맞습니다. 지금 이 순간은 자유입니다. 지금 이 순간을 들여다보십시오. 자유 그 자체입니다. 그대는 늘 과거의 순간들을 들여다보고 있습니다. 그대는 지금 이 순간이 드러날 기회를 준 적이 있습니까? 그대는 지금 이 순간에 한 번도 기회를 주지 않았습니다. 그대는 늘 과거에만 관심을 갖습니다. 그대는 이 순간을 생각하지 않습니다. 이 순간이 현재의 순간입니다. 그 순간을 들여다보십시오. 그러면 그대는 자신의 얼굴을 볼 것입니다.

그대가 '나'라는 말을 사용할 때는 멈추고서 이 '나'가 이디에서 일어나는지 보십시오. 이것이 지금 이 순간입니다. 이 '나'를 관찰하면 지금 이 순간을 알게 될 것입니다. 그때 그대의 믿음은 무엇입니까? 그것은 어디에서 일어납니까? 앞으로 나아가면 과거로 가게 될 것입니다. 이곳으로, '나'라는 생각이 일어나는 곳으로 돌아오십시오. 어디에 있건 이곳으로 돌아오십시오.

그대는 항상 자유롭습니다! 자유를 찾아다닐 필요가 없습니다. 다른 무엇은 찾아다녀야 합니다. 자유, 깨달음, 평화, 희열은 어디에 있습니까? 그것은 여기에 있습니다. 지금 여기에 있기 위해 무슨 노력이 필요합니까? 그대 자신으로 있기 위해 해야 할 일은 아무것도 없습니다.

그대가 어디로 돌아갈 수 있겠습니까? 다른 곳에 있을 때에만 돌아와야 합니다. 어디에서 돌아와야 합니까? 집에 있다면 비행기를 탈 필요가 없습니다. 다른 사람, 사회, 부모에게서 빌린 잘못된 생각들을 버리기만 하면 됩니다. 괴롭거나 고통스러운 것은 그대의 성품이 아닙니다.

그릇된 생각은 금세 사라집니까 아니면 천천히 사라집니까? 천천히 사라지겠지요?

그대를 속이는 마음만이 '천천히'라고 말합니다. 바로 지금 존재하는 데 무슨 이해가 필요합니까? 바로 지금 존재하는 데, 이미 그대인 채로 존재하는 데는 이해나 오해가 필요 없습니다.

그러면 왜 제가 여기로 왔습니까?

그대가 '여기'로 온 까닭은 자신이 '거기'에 있다고 생각했기 때문입니다!

스승님의 눈을 들여다보면 나만 보입니다. 스승님을 존중할 때는 나를 존중하고 있음을 깨닫습니다. 그러나 모든 사람 안에 있는 나를 존중하는 법은 아직 배우지 못했습니다. 스승님 안에 있는 나는 존중할 수 있지만, 여전히 다른 사람들을 비교하고 판단합니다. 아직 모든 사람 안에서는 나를 보지 못합니다.

그대는 먼저 그대 안에 있는 나를 보아야 합니다. 다음에는 내 안에서, 그 뒤에는 모든 곳에서 나를 보아야 합니다.

하지만 다른 사람들의 눈을 들여다볼 때는 나를 선명히 볼 수 없습니다.

먼저 그대 안에 있는 나를 보십시오. 그러면 그대 안에 있는 나가 내 안에 있는 나와 다르지 않음을 알게 될 것입니다. 그것은 같은 나입니다.

그때 그대는 그대 안과 내 안에 있는 같은 나가 다른 모든 곳에도 있음을 보게 됩니다. 나만이 나입니다. 나와 분리되어 있는 것은 아무것도 없습니다. 나에만 매달리면 이를 반드시 체험할 것입니다. 그 밖의 다른 것은 아무것도 존재한 적이 없습니다!

그렇지만 저는……

좋습니다. 다른 방법을 써 봅시다. 나를 볼 때는 '나 아닌 것'을 보지 마십시오. 만일 그대가 여기, 저기, 모든 곳에서 나 아닌 것을 보지 않는다면, 그대는 무엇을 보겠습니까?

오직 나만을 볼 것입니다.

모든 곳에서 오직 나만을! 나 아닌 것은 존재하지 않습니다. 그리고 나는 어디에도 없을 수 없습니다! 따라서 그대는 모든 곳에서 나를 볼 것입니다. 내가 모든 곳이라고 말하는 곳은 어디도 아닙니다. 어디도 아님 자체. 왜냐하면 거리가 없기 때문입니다. 여기도 아니고 어느 곳도 아닙니다. 나만이 나를 완전히 자각하고 있습니다.

파도와 소용돌이, 물방울, 물거품, 이 모든 것이 다 바다입니다. 그런데 그대의 질문에 따르면, "저는 바다를 봅니다."라고 하면서 "저 자신 안에서는 바다를 보지만 파도와 소용돌이, 조류, 물거품 안에서는 바다를 보지 못합니다. 그곳에서는 보지 못합니다."라고 말하는 셈입니다. 따라서 그대는 먼저 바다 안에서 바다를, 나 안에서 나를 보아야만 합니다. 그러면 다른 모든 것은 이 안에 담길 것입니다. 그대 안에 모든 것이 담길 것입니다.

나 안에 모든 것이 담겨 있습니다. 나 밖에 있는 것은 아무것도 없습니다. 이런 이유로 그대는 그것을 공이라 부를 수 있습니다. 공 외에는 아무것도 없습니다. 모두 비어 있습니다. 아무것도 존재한 적이 없습니다.

만일 그대가 무엇인가 존재하는 것을 본다면, 그것은 바로 그대 자신입니다. 그러므로 다른 것 혹은 이원이라는 생각이나 개념이 있으면 늘 혼란이 있게 마련입니다. 어떤 이원도 없습니다. 하나와 전체만이 존재하고 있습니다.

우리가 이원을 받아들인다면 그 둘 사이에 경계들이 있어야 하고, 그러면 그것은 무한할 수 없습니다. 이원과 단일 사이에 구분이 생길 것입니다. 그러나 무한한 실재나 진리, 공에는 어떤 구분이나 경계도 있을 수 없습니다. 어떤 경계도 없습니다. 모든 곳에서 나를 본다는 것은 이것입니다.

저는 몹시 바쁘게 살고 모든 것이 바쁘게 돌아가는 샌프란시스코에서 오는 길입니다. 그곳의 삶과 문화는 스트레스, 소음, 선택, 혼란, 그리고 너무 많은 행위와 활동들로 가득 차 있습니다. 그런데 이곳으로 오자, 갑자기 나만이 있습니다. 모든 것이 나로 돌아갑니다. 너무 단순합니다. 스승님의 안내가 단순하여 충격을 받습니다. 오직 바로 지금! 정말 단순합니다. 나에만 주의를 기울이는 것. 제가 샌프란시스코로 돌아가면 어떻게 될까요?

단순은 없어지지 않을 것입니다. 그대는 단순을 잃을 수 없습니다. 단순은 그대의 성품입니다.

우리는 그것을 잊어버립니다.

그것은 그대를 잊지 않을 것입니다. 설령 그대가 그녀를 잊어버린다 해도, 그녀는 그대를 잊지 않을 것입니다. 그녀는 매우 정조 높은 여인입니다.

그 말씀을 기억하도록 노력하겠습니다.

그 일은 그대의 어떤 행위보다도 쉽고 단순합니다. 심지어 호흡보다 더 쉽습니다. 그대가 들이쉬고 내쉬는 호흡보다 더 쉽습니다. 그대는 이를 위해 들이쉬지도 내쉬지도 않기 때문입니다. 들이쉼과 내쉼이 어디에서 일어납니까? 그대는 들이쉬고, 호흡이 멈춥니다. 그대는 내쉬고, 호흡이 멈춥니다. 그곳, 이것이 그대 자신입니다. 들이쉼과 내쉼의 사이.

들이쉬고 내쉬려는 노력조차 필요 없습니다.

혹은, 어디에서 생각이 일어납니까? 생각이 일어나서 어디론가 가려면 어떤 행위가 있어야 할 것입니다. 그러나 근원은 가지도 않고 오지도 않습니다. 그것은 있는 그대로 있습니다. 얼마나 단순합니까? (큰 웃음) 나는 가끔 웃지 않을 수 없습니다. 강물 속에 있는 물고기가 "목이 말라요."라고 소리치고 있기 때문입니다. "저는 깨닫고 싶습니다."라는 말도 마찬가지입니다. (더욱 큰 웃음)

그대는 가까이 있고 쉬운 것에는 관심을 갖지 않습니다. 달이나 에베레스트 산처럼 멀리 있고 어려운 것에만 관심을 갖습니다. 그렇게 하여 나에 이른 사람은 아무도 없습니다.

나는 누구인가?(Who am I?) 이 질문을 탐구하십시오. 이 질문 그 자체로부터 시작하십시오. 먼저 '누구'(who)를 탐구하십시오. 그다음에 '이다'(am)를 탐구하십시오. 그다음에 '나'(I)를 탐구하십시오. 그대가 '나'로 돌아갈 때, 질문은 사라지고 아무 대답도 남지 않을 것입니다.

그것이 그대의 답입니다. 그 답 없음이 답입니다. 강은 그것이 일어난 근원인 바다로 돌아가서 사라집니다. 강을 찾으려고 더 탐구할 필요가 없습니다. 강은 근원이 됩니다.

우리는 모두 근원으로 되돌아가고 있습니다. 우리가 말하는 하나하나의 문장이 되돌아가고 있습니다. 모든 행위는 그것 자체를 향하여 가고 있습니다. 그대가 알아차리기만 하면 그대의 여행은 끝날 것입니다. 우리는 근원 안에 있습니다. 애쓰지 않아도 그대는 이미 그곳에 있습니다. 선택을 하십시오. "나는 자유롭다."를 선택하면 그대는 자유롭습니다. "나는 묶여 있다."를 선택하면 그대는 묶여 있습니다.

그것은 그대의 선택입니다. 그대는 묶여 있음을 선택합니다. 그대는 고통을 선택합니다. 이왕 선택하려거든 행복과 자유를 선택하십시오. 사랑을 선택하는 것이 좋은 선택입니다.

다른 선택들이 모두 비참하게 실패했고 그 결과가 고통이라면, 지금까지 우리는 속은 것입니다. 그러니 이제 다른 길로 가 봅시다. 알려진 길들은 어느 것도 이제껏 우리에게 영원한 행복을 주지 못했습니다. 알려진 것은 영원하지 않습니다. 이름과 형상이 있는 것은 어느 것도 영원하지 않습니다. 그러니 이번에는, 이 축복 받은 삶 동안에는, 이름도 형상도 없는 시도해 봅시다.

제가 "나는 무엇인가?"를 생각하다 보면 질문이 매우 복잡해져 버립니다. 그런데 스승님은 단순하게 정리하십니다. 스승님은 "나는 나다."(I AM the Self)라고 말씀하십니다.

그렇습니다. 이 단순함은 그대가 소화하기에는 너무 어렵습니다.

저는 '나는 나다.'라고 하는 대신 나의 개념이 무엇인지를 찾고 있습니다.

그대는 어떤 생각도 개념도 만들 필요가 없습니다. 이것은 행위자 자신입니다. 그대는 이 점에 동의해야 합니다. 동의하지 않을 수 없습니다. 그대가 어떤 사람에게 "나는 자신(나)이 아닌가요?"라고 물을 수 있습니까? 그러면 그 사람이 그대를 어떻게 생각하겠습니까? (웃음) '나'라는 단어를 완전히 알 때 그대는 완성됩니다. 모든 것이 '나' 안에 담겨 있습니다. 그것으로 충분합니다. 그대가 자신을 '나'라는 이름으로 부른다면 아무런 어려움이 없을 것입니다. 그대는 영원이 될 것입니다. 어떤 죽음도 그대를 건드릴 수 없습니다. 그냥 나로 머무십시오. 그대가 할 일은 그것이 전부입니다. 그렇게 하는 것이 그렇게 어렵습니까? '나는 나'라고 세례를 베푸는 것이 그렇게 어려운 일입니까? 그것이 전부입니다.

그렇게 말씀하시니 단순하군요.

너무 단순하여 받아들이기 어렵습니까?

## 제4장

# 의심, 두려움 및 장애들

오늘 아침 침대에 누워 있는데, 내가 지금 여기에서 뭘 하고 있는가 하는 의심들이 일어났고 이어 수많은 생각이 떠올랐습니다. 그런데 문득, "이게 뭐지? 나는 침대에 누워 있고 그것이 전부다."라고 느꼈습니다. 그러자 갑자기 모든 의심이 사라지고 내면에서 깊은 고요를 느꼈습니다.

그것이 바로 현재의 순간입니다. 그대는 얼마 동안 현재의 순간에 머물러 있었습니까? 그리고 어떻게 하여 그것을 잃었습니까?

저는 일어난 일을 분석하려 하였습니다.

너무 가까이 있는 것은 주의를 기울이기 어렵습니다. 눈은 모든 것을 봅니다. 그러나 자기 자신은 보지 않습니다. 이처럼 나는 마음을 통하여 온 세상을 보지만, 마음은 나가 되기 위하여 집으로 돌아오지 않습니다.

어떻게 하면 두려움을 극복할 수 있습니까?

극복하려는 모든 노력을 그만두면 됩니다.

두려움이 심할 때 (손가락으로 딱 소리를 내며) 스승님은 어떻게 하십니까?

두 손가락을 모았을 때와 딱 소리를 낼 때의 사이, 그 순간 그대는 무엇을 했습니까? 딱 하는 그 소리는 어디에서 왔습니까?

이 소리는 손가락들을 원래 상태로 되돌림으로써 왔습니다. 딱 하는 소리가 나도록 손가락을 모은 뒤 되돌려 보십시오. 지금까지 그대가 행하고 듣고 보고 읽은 것들 — 한 순간만이라도 모두 잊고 말해 보십시오, 그대의 얼굴은 무엇입니까? 그대는 무엇을 봅니까? 그저 원래 상태로 되돌려 보십시오. 그대는 어디에 이릅니까?

무(無)입니다.

아, 그것이 "어떻게 해야 합니까?"라는 그대의 질문에 대한 답입니다. 원래 상태로 되돌리면 그대는 어디에 이릅니까? 생각과 생각 사이에 이릅니다. 이 틈은 무와 같습니다. 그대가 완전히 행복할 때, 이것은 무와 같습니다.

그대의 연인을 이십 년 만에 만나서 말할 수 없이 행복할 때, 그대의 마음속에 무슨 생각이 있습니까? 아무런 생각이 없습니다. 무로 둘러싸여 있기 때문에 그대는 아무것도 할 일이 없습니다. 그대 자신으로 있기 위해 해야 할 일은 아무것도 없습니다. 아무것도. 물론 무엇이 되는 것, 예컨대 의사가 되는 것은 이와 다릅니다.

이것은 그대의 진정한 성품으로 돌아가는 것이 아닙니다. 그대는 늘 여기에 있습니다. 그대는 이 사실을 부정하고 있습니다. 그대는 그대의 위대함을 받아들이지 않습니다. 영원 자체이면서, 실재 자체이면서, 어떻게 그대는 "저는 이 육체 안에서 고통을 당하고 있습니다."라고 말할 수 있습니까?

'나' 없이 그대가 무엇을 할 수 있습니까? 그대가 어디를 가든 거기에 누가 있습니까? 그대는 고통 가운데에서도 이것을 잃을 수 없습니다. "저는 고통 받고 있습니다."라고 그대는 말합니다. 그만 그치십시오. 호흡을 할 때, 누가 더 그대와 가깝습니까?

저는 두려움을 많이 느끼고 그럴 때면 쉽게 흔들립니다. 이 세상이 투사라는 것은 이해하면서도 이처럼 분리되어 있다고 느낍니다.

이 두려움은 지혜, 빛을 처음 대하면서 받는 충격 때문입니다. 예를 들어, 이 방은 이십 년 동안 닫혀 있었는데 그대가 손에 횃불을 들고 어두운 방으로 들어와서 스위치를 찾았다고 가정해 봅시다. 이 어둠은 이십 년 동안 자리 잡고 있었습니다. 즉시 불이 들어옵니다. 어둠은 혼란스러워집니다. 소멸에 대한 두려움이 생깁니다.

이십 년이라는 어둠의 세월 뒤, 그대가 빛을 대하는 데 얼마나 시간이 걸리겠습니까? 무슨 일이 일어났습니까? 어두운 마음속의 두려움. 방 안의 어두움은 몇 번에 걸쳐 사라지는 것이 아닙니다. 그대는 어두운 이 방에서 이십 년 동안 지냈다고 생각합니다. 그 두려움은 그대 안에 깊이 뿌리박혀 있습니다. 그대는 수백만 년 동안 이렇게 살아왔습니다, 수백만 년 동안을.

빛을 직면하는 데 대한 이 두려움은 다른 두려움들과 다릅니다. 이것은 영원에 대한 공포입니다. 영원한 감로의 바다. 그대는 어둠을 붙들고 헤엄치고 있습니다.

어쨌든 그대는 떠밀리든가, 아니면 불멸의 바다로 뛰어들 것입니다. 어두운 이곳을 떠날 때와 뛰어들 때, 그 사이에 두려움이 일어납니다.

어둠을 떠났지만 아직 빛에는 이르지 못했을 때, 그대는 되돌아올 수도 없고 아직 표면에 닿지도 않았습니다. 이때 두려움이라 불릴 수 있는 것이 있습니다. 영원으로 뛰어들기가 두려운 까닭은 "나는 이 몸 의식을, 이 어둠을 잃을 것이다."라는 생각 때문입니다. 이것은 빛을 직면하는 데 대한 두려움일 뿐입니다. 그대는 감로가 될 것이며, 죽음은 없습니다.

₩

제게 장애가 하나 있습니다. 이 장애는 의심인데, 이 때문에 저는 스승님을 완전히 사랑하지 못합니다. 이 의심이 저에게 두통을 일으킵니다.

그대에게는 어떤 종류의 두통이 있습니까? 내가 아는 두통은 두 가지입니다. 하나는 머리에 짐을 이고 있기 때문에 옵니다. 다른 하나는 그 짐이 없어져서 옵니다. 머리 위에 있던 짐이 갑자기 사라지면 혼란스러워질 수 있습니다. 그래서 균형을 잃으면 두통이 일어납니다. 아무 짐도 없는 것이 두통처럼 보일 수도 있습니다.

옛날에 자신이 죽을 것이라는 사실을 안 어떤 부자가 있었습니다. 그는 영적인 준비를 한 적도 없고 명상을 해 본 적도 없었습니다. 그래서 시장에 나가 자기를 대신하여 명상을 해 줄 스무 명을 고용했습니다. 그가 말했습니다. "당신들에게 임금을 두 배로 주고 음식도 제공하겠소."

일꾼들은 몹시 흥분했습니다. 그들은 당장 시작하고 싶었지만 어떻게 하는지를 몰랐습니다. 부자는 그들에게 명상 자세를 보여 주며 "그냥 이렇게 앉아 있으면 되오."라고 말했습니다.

몇 시간이 지나자 일꾼들이 들고일어났습니다. 그들은 "두 배의 임금일랑 당신이나 가지시오. 아무것도 하지 않고 여기에 앉아 있다가는 병에 걸리겠소."하고 항의하였습니다. 그리고 그만두어 버렸습니다.

나는 그대의 두통이 어느 쪽인지는 모르겠지만, 장애라는 그 관념을 버릴 것을 제안합니다. 이 생각이 바로 지금 있는 유일한 장애물입니다. 경전들에는 버려야 할 장애들이 쓰여 있습니다. 가장 먼저 버려야 할 것은 그대가 누구라는 개념들 즉 개인적 신원, 성격, 이름과 모습에 관한 개념들입니다. 그것들을 버리고, 그것들로부터 떨어지십시오.

다음으로 버릴 것은 죽고 난 뒤에 천국에 간다는 생각입니다. 착한 일과 악한 일, 그런 행위가 그대를 어디론가 데려갈 것이라는 생각입니다. 이 집착 또한 버리십시오.

다음은 신입니다. 신에 대한 집착을 버리십시오. 지금 그대를 도울 수 있는 존재가 그대 바깥에 있다는 생각, 이것을 버리십시오.

그 다음에는 버린다는 생각조차도 버리십시오! 이 생각도 역시 버려야 합니다!

어제 그대는 "낙타를 나무에 매어 두고 알라에게 기도하라."고 말했습니다. 나는 말합니다. 낙타에 올라탔으면 알라는 잊으십시오! 낙타를 타고 있다면 기도할 필요가 없습니다. 그대가 낙타를 매어 두면, 나중에 다시 풀어야 할 것입니다. 낙타를 나무에 매면 그대 또한 매이게 됩니다. 그러면 누가 알라에게 기도할 수 있겠습니까?

장애라는 개념이 바로 장애입니다. 장애를 없애야 한다는 생각이 마지막 장애입니다. 이것이 앞으로 나아가지 못하게 가로막는 마지막 장애물이며, 마지막 가로대입니다. 이것이 마지막으로 뛰어넘어야 할 것입니다.

그렇습니다. 뛰어넘어야 할 것이 있고 그리고 앞에 아무런 이름과 형상이 없는 공이 놓여 있으면 두려움이 있게 됩니다. 이 공을 끌어안는 데 따르는 두려움이 있습니다. 그대는 그곳에서 아무것도 볼 수 없습니다.

미지의 세계! 완전한 공! 그대가 아무런 이름도 아무런 형상도 없는 그 공을 끌어안으려면 용기가 필요합니다. 아무도 그대를 도와 줄 수 없습니다. 도움은 그대를 가장자리까지 데려다 줄 수 있습니다. 그러나 여기에서는 아무도 그대를 도와 줄 수 없습니다. 도움이 있을 것이라는 생각 자체가 장애입니다. 그러므로 이름과 형상이 있는 모든 것을 던져 버리십시오. 그리고 뛰어드십시오!

늘 더 많은 질문들과 의심들이 일어나는 것 같습니다.

어느 날 왕은 신하를 불러 이렇게 말했습니다. "동틀 무렵에 궁 밖으로 나가서 제일 먼저 만나는 사람을 데려오시오. 그 사람에게 나라를 주겠소."

신하는 동틀 녘에 밖으로 나갔는데, 그가 첫 번째로 만난 사람은 거지였습니다. 그는 이 거지를 왕궁으로 데려와서 옥좌에 앉혔습니다. 목욕을 시키고, 옷을 입히고, 왕이 먹는 음식을 대접했습니다. 그러나 곧 거지는 "내 동냥 그릇은 어디에 있습니까? 동냥 나갈 시간입니다."라고 말했습니다.

옥좌에 앉아 있는 동안에도 그는 여전히 동냥 그릇을 생각하고 있었습니다. 누가 이 거지 왕이 들고 있는 동냥 그릇을 내려놓도록 도울 수 있습니까? 그대는 바로 이 거지와 같습니다.

저는 가장자리에 이르렀고, 머리는 발에게 뛰어들라고 말하는데, 발은 앞으로 가지를 않습니다. 용기가 발에는 미치지 못합니다. 용기가 발까지 미칠 수 있도록 제가 할 수 있는 일 혹은 하지 말아야 할 일이 있습니까?

둘 다 없습니다! 행함도 아니고, 행하지 않음도 아닙니다. 마음이 어느 곳에도, 심지어 무(無)에도 머물지 않게 하십시오.

무엇이 태어나게 합니까?

충족되지 않은 삼스카라(samskara)들이 태어납니다.

나도 그러합니까?

나는 접촉되지 않습니다. 오직 육체만이 태어나고 죽습니다. 그대의 축적된 삼스카라들이 또 다른 일생을 낳는 힘을 일으킵니다. 이 끊임없는 태어남을 삼사라(samsara)라고 합니다. 이것은 고통입니다. 이것은 깨달음을 얻을 때까지 지속됩니다.

깨달음은 지식의 불길입니다. 이 불길이 삼스카라들을 불태우면 그대의 탄생과 죽음이라는 문제가 끝납니다.

스승님은 몸을 옷 같은 것이라고 말씀하십니까?

그대가 '나의'라고 말하는 모든 것, 이를테면 '나의 몸, 나의 집, 나의 자동차, 나의 스웨터, 나의 아내'와 같은 것들은 그렇습니다. 무엇이 다릅니까? 이 몸은 누구의 것입니까? 이 몸을 입고 있는 자는 누구입니까? 나의 마음, 나의 지성, 나의 기억, 나의 옷, 이것들은 누구의 것입니까? 그대는 누구이며, 이것들은 누구의 것입니까?

몸은 다릅니다. 몸은 스승님의 한 부분이지만 자동차와 옷, 스웨터는 그렇지 않습니다.

실재인 것은 항상 똑같이 있어야 합니다. 자, 옷을 예로 들어 봅시다. 그대가 잠들어 있을 때, 옷은 어디에 있고 몸은 어디에 있습니까? 그대가 잠자고 있을 때, 누가 존재합니까? 그곳에는 몸이 없습니다. 옷도 없고 스웨터도 없습니다. 이 모든 것의 주인인 그는 누구입니까? 자신에게 물어보십시오. "나는 누구인가?" 그러면 그대는 몸이 무엇인지, 마음이 무엇인지, 그리고 이 모든 소유물들이 무엇인지를 알게 될 것입니다.

글쎄요, 저는 그것들을 놓을 수가……

아니, 아니! 나는 그대에게 놓으라고 말하는 것이 아닙니다. 나는 그대에게 보라고 말하고 있습니다. 내가 '그대의 스웨터' 혹은 '그대의 바지'라고 말하면, 그대의 마음은 어디에 매달립니까? 그대는 매달리기 위해 어디로 달려갑니까?

스웨터로 달려갑니다.

좋습니다. 이제 물어보십시오. "나는 누구인가?" '나'에게로 가서 매달리십시오. 그러고 나서 그대가 무엇에 매달리고 있는지 말해 보십시오. "나는 누구인가?" 이 문장에서, '나'는 대상입니다. 이 대상에 매달리십시오. 그대의 마음이 나로 향하여 매달리게 한 뒤, 그것이 무엇인지 말해 보십시오.

그대는 생각을, 생각이 일어나고 있는 곳으로 되돌리고 있습니다. '나의 생각, 나의 마음'—이것들을 그것들이 일어나는 곳으로 돌아가게 하십시오. 생각의 근원으로 되돌아가십시오. 그대는 '나'를 발견할 것입니다. 그때 우리는 몸과 마음에 대해 말할 수 있습니다. 그러나 먼저 그대가 누구인지를 알아야 합니다. 그 뒤에는 다른 모든 것이 쉬워질 것입니다.

먼저 그대가 어디에 있는지를 확인하십시오. 그러면 우리는 목적지까지의 거리를 알 수 있을 것입니다. 지도를 펴놓고 지금 우리가 어디에 있는지를 봅시다. 그러면 우리가 어디로 가야 하는지를 알게 될 것입니다. 그대가 지금 있는 장소는 '나'입니다. 그렇지 않습니까?

그렇습니다.

그러면 찾아보십시오. 그대의 생각이 '나'에게로 가게 한 뒤 무슨 일이 일어나는지 보십시오.

비어 있습니다!

아아, 그렇습니다. 아주 훌륭한 대답입니다. 따라서 '나'는 비어 있습니다. 그대는 '나'의 근원, 그대 존재의 근원, 모든 것의 근원을 발견하기 위하여 마음을 보냈고, 이제 그대는 "비어 있다."라고 말했습니다.

이제 이 공에서 더 나아가 봅시다. 먼저 그대는 빛을 마주보기 위해 돌아섰습니다. 그대는 그대 자신을 마주보기 위해 돌아섰습니다. 그곳으로부터, 공으로부터 이제 맞은편을, 반대쪽을 바라보십시오. 그대는 몸, 스웨터, 집, 자동차, 아내를 봅니다. 이 공에서 천천히 걸어 나온 뒤 그대가 보는 것을 말해 보십시오. 그대는 지금 공으로부터 그것들을 보고 있습니다. 무엇이 보입니까?

지금

공은 언제나 지금입니다. 그렇습니다. 결코 그때가 아닙니다. 이 지금에서 나와 보십시오. 지금에서 나와 앞으로 가면서 그대가 어디로 가고 있는지 말해 보십시오. 이 순간 너머에서, 무엇이 보입니까?

(오랜 침묵 후) 생각들이 올라오고 있음이 느껴집니다.

오도록 놓아두십시오. 공 안에서, 생각들이 옵니다. 공 안에서, 생각들은 무엇을 나타냅니까? 바다 안에서, 파도들이 옵니다. 그것들은 무엇을 나타냅니까? 공 안에서, 생각들이 옵니다. 그것들은 무엇을 나타냅니까?

마음?

바다로부터 파도가 일어나, 머물고, 움직이다 쓰러집니다.

여전히 비어 있습니다.

좋습니다. 공에서 일어나는 모든 파도들은 분명히 비어 있을 것입니다. 비다에서 일어나는 파도들이 물인 것처럼. 그것들은 돌일 수 없습니다. 이제, 공으로부터 비어 있지 않은 한 생각을 일으켜 보십시오. 그리고 조사해 보십시오.

아주 훌륭합니다. 그대는 일을 마쳤습니다. 이것이 그대의 성품입니다. 이것이 그대 자신입니다. 그대는 깨어나야 합니다. 그대는 의식입니다. 그대는 비어 있습니다. 그대는 오직 이 순간 안에 있을 뿐입니다. 이름과 형상을 볼 때마다 그대는 잠들어 있습니다. 이름과 형상이 없는 세계에서 그대는 무엇을 봅니까?

순수하고 오염되지 않은 영원, 영원한 행복, 사랑과 희열인 의식은 어디에 있습니까? 그곳에서, 공에서 볼 때 그대는 모든 것을 봅니다. 그 너머에는 아무것도 없습니다. 그대인 대로 존재하기 위해서는 아무것도 할 일이 없습니다.

우리는 그 동안 우리 자신을 잘못 알고 있었습니다. 우리가 태어났고, 우리가 몸이고, 우리가 고통을 겪고 있고, 우리가 죽을 것이라고 알고 있었습니다. 그것이 어디에서 나오는지는 아무도 모르고 있습니다. 그것은 하나의 개념일 뿐입니다. 그것은 진실이 아닙니다. 그대는 가족, 사회, 종교로부터 그렇게 믿도록 훈련을 받았습니다. 그러나 비어 있는 이것이 그대의 성품입니다. 그대는 이것입니다. 이를 위해 그대가 해야 할 일은 사실 아무것도 없습니다. 고행할 필요도 없고, 동굴 속에서 수행할 필요도 없습니다.

그대가 이해해야 하는 것은 이것입니다. 지금 나는 그대의 마음에서 나온 질문에 대답했습니다. 공에서 보지 않는다면 바다의 파도만을 보게 될 것입니다. 이것은 그대의 투사입니다. 그대가 아침에 일어나서 "나는 캔이다"라고 말할 때, 즉시 삼사라가 있습니다. 오직 그대의 투사만이 있게 됩니다. 한 생각을 일으키지 않을 때 그대는 공빔으로, 의식으로 되돌아갑니다. 한 생각이 일어날 때 세상이 일어납니다. 한 생각이 세상입니다.

이것조차도 그대의 투사일 뿐입니다. 그대는 하나이기 때문에 그대의 눈, 귀, 손이 그대로부터 분리되어 있지 않듯이 그대 아닌 것은 없습니다. 이것조차도 그대입니다.

세상은 이러합니다. 모든 존재, 새, 꽃, 바위가 그대이며 그대의 나입니다. 만약 그대가 이 점을 이해한다면, 어디에 고통이 있겠습니까? 고통은 항상 다른 것으로부터 옵니다. 다른 것이 있을 때만 고통을 받습니다. 그대의 온 존재만이 있고 이 온 존재가 비어 있다면, 아무 괴로움도 없을 것입니다.

그러므로 이 점을 이해하십시오. 그대는 이미 이러합니다. 이것은 그대 자신의 성품입니다. 그대는 그것입니다. 그대는 이미 그대 자신의 성품으로 존재하고 있습니다. 그대는 그것입니다. 그대는 그것을 이루거나 얻을 필요가 없습니다.

우리는 다른 것에 마음을 빼앗기고 있습니다.

그렇습니다. 이 빼앗김은 죽음입니다. 이 모든 것이 나임을 안다면, 빼앗김도 과거도 없을 것입니다. 그대 자신을 부분들로 나누지 마십시오. 한계들 너머로 이해를 키우십시오. "나는 이런저런 존재다."라는 생각은 고통을 일으키기에 충분한 한계입니다.

그대가 자신을 부분들로 나눌 때에만 묶이게 됩니다. 그대는 한 부분이 되고 나머지를 제외한 뒤 그 나머지를 이해하고자 합니다. 이는 바다의 물방울이 "나는 바다에서 분리되어 있습니다. 나는 고통 받고 있으며, 늘 바다 위에서 움직여야 합니다. 나는 늘 부서질까 봐 두려워하고, 큰 파도를 두려워하고, 수많은 것들을 두려워한다."라고 생각하는 것과 같습니다.

바다에서 분리되어 있다면, 바다에서 벗어나려 한다면 평화도 안전도 없습니다. 내가 바다와 같음을 모르면 혼란과 고통, 두려움이 일어납니다.

생각하는 한, 우리는 고통을 겪을 것입니다. 이 삼사라는 "나는 캔이다."라는 한 생각으로부터 옵니다. 캔과 온 삼사라 간에는 아무런 차이가 없습니다. 그대는 삼사라에서 캔을 분리할 수 있습니까? 캔이 근원으로 나아가면 모든 문제가 풀릴 것입니다.

저는 저 자신으로부터 도망치고 있습니다. 그래서 복잡해집니다. 저는 잊어버립니다.

그래, 맞습니다. 그대는 잊어버립니다. 그대에게 필요한 것은 오직 그대 자신뿐입니다. 거울이 필요하다는 생각을 버리십시오. 그대에게 보이는 것은 모두 거울에 비친 모습일 뿐입니다. 이 거울을 치우면, 캔은 어디로 사라집니까?

여전히 여기에 있습니다.

그렇습니다. 그대의 얼굴을 비추어 보던 거울, 그 거울을 치우십시오. 그 얼굴은 여기에 있습니다. 이 거울을 버리십시오. 그대가 누구인지 보십시오. 이 생각이 일어나는 장소로 되돌아가십시오.

나 자신, 공, 의식…… 다 같은 것입니다. 그대는 그것으로부터 벗어날 수 없습니다. 그것은 늘 여기에 있습니다. 우리는 그것이 여기에 없다고 생각할 뿐이며, 그래서 찾고 있습니다. 때때로 나는 무엇을 읽으려고 안경을 찾습니다. 안경을 끼고 있으면서 안경을 찾습니다. 사방을 뒤져보지만 안경을 찾지 못합니다. 나는 모든 것을 보지만 안경을 찾지 못합니다. 나는 안경을 통하여 찾고 있습니다. 왜냐하면 안경 없이는 볼 수 없고 찾을 수 없기 때문입니다. 그러나 나는 안경을 볼 수 없고, 바깥에서는 안경을 찾을 수 없습니다.

그대는 "나는 자유롭고 싶다."를 찾고 있습니다. 이 생각을 통하여 그대는 자유를 찾고 있습니다. 그대는 그것을 얻을 것입니다. 이 생각 자체가 그대가 찾고 있는 것과 같습니다. 이것은 의식입니다! (웃음)

제가 잠잘 때 의식은 어디로 갑니까?

그것이 어딘가로 가는지 그대는 어떻게 압니까? 그대가 아침에 일어나고 말하고 다시 잠드는 동안, 잠잘 때의 의식은 있었습니까, 없었습니까? "저는 단잠을 잤습니다. 아무런 방해도 없었습니다."라고 그대는 말합니다. 몸이 잠잘 때는 의식이 없었습니까? 누가 잠을 즐기는 것입니까? 깨어 있을 때와 잠잘 때의 의식은 다르지 않습니다.

투사된 영상들이 스크린 위를 지나가듯이 의식의 상태들이 그대 앞을 지나갑니다. 스크린은 움직이지 않고 변하지 않습니다. 움직임이 있을 때마다 거기에는 분명 움직이지 않는 것이 있습니다. 그대 자신을 스크린 자체와 동일시하십시오.

그대는 스크린, 즉 바탕입니다. 이 위에 의식의 상태들이 나타납니다. 그러면 스크린은 보이지 않습니다. 그대가 무엇인가를 볼 때는 스크린이 보이지 않습니다. 그대가 스크린을 볼 때는 아무것도 보이지 않습니다. 스크린이 보일 때는 영상들이 보이지 않습니다.

의식으로 깨어 있을 때 그대는 이름과 형상으로 된 투사물을 보지 않습니다. 이름과 형상을 볼 때는 실재를 보지 않습니다.

예를 들어 금으로 만든 몇 개의 상(像)들이 있다고 합시다. 하나는 신의 형상이고, 하나는 개의 형상이고, 나머지 하나는 돼지의 형상입니다. 각각에는 200그램의 금이 들어갔습니다. 보석상을 찾아가서 녹이면 어느 것이 가장 좋은 값을 받겠습니까? 돼지, 개, 신…… 같은 값입니다. 본

질의 가치는 같습니다. 본질은 같습니다. 그대가 형상과 이름을 제거한다면, 이름도 없고 형상도 없다면, 그대는 무엇입니까? 그대는 누구입니까?

금이 나와 같다는 말씀입니까?

그렇습니다. 그러나 우리는 이름과 형상에 마음을 뺏겨 돼지와 신을 봅니다. 우리가 근원으로 되돌아가서 본질, 금, 실재, 공을 깨닫는 순간, 이것이 니르바나입니다! 우리가 이름과 형상만을 인식하고 있다면, 이것은 삼사라입니다. 이름과 형상을 버리면 즉시 니르바나입니다.

카르마가 무엇입니까?

나는 카르마를 믿지 않습니다. 과거의 카르마도, 현재의 카르마도, 미래의 카르마도 없습니다. 한 남자에게 세 아내가 있었습니다. 십 년 전에 결혼한 아내와 지금 결혼한 아내, 곧 결혼할 아내였습니다.

마지막으로 결혼하기 직전에 그가 죽어 버렸습니다. 그가 죽으면 세 아내는 미망인이 됩니다. 깨닫게 되면 과거와 현재, 미래의 카르마에게 이와 같은 일이 일어납니다.

행위자가 존재하지 않으면, 카르마들은 미망인이 된 아내들과 같습니다. 이제 그의 자아는 죽었습니다. 의심이 없는 이 사람에게는 카르마가 없습니다. 그는 지금 여기에서 해방되었습니다. 그는 태어나지도 않고 육신을 갖지도 않습니다. 사실은 늘 그랬습니다. 아무것도 바뀐 것이 없습니다.

아내들은 미망인이 되고, 해방된 그는 자유로우며 하고 싶은 것을 다 할 수 있습니다. 그의 행위는 아무런 흔적도 남기지 않습니다. 따라서 아무런 카르마도 만들지 않습니다.

수행자들이 이 뜻을 뭐든지 마음대로 해도 된다고 오해하여 제멋대로 행동하고 남에게 해를 끼치는 경우가 많았습니다.

나는 행위자 없음에 관하여 말하고 있습니다. 행위자에게는 반작용이 있을 것이며 행위에 대한 대가를 치러야 할 것입니다. 집착에 빠져 있는 사람은 생각과 관념의 결실을 거두어들일 것입니다. 그대는 그대가 생각하는 것이 됩니다.

꿈속에서 한 사람은 거지가 되고 다른 사람은 왕이 됩니다. 그러나 둘 다 꿈속의 일입니다. 그들은 거지도 아니고 왕도 아닙니다. 만약 그대가 어느 것도 아님을 알아차리면, 그대는 자유로워집니다.

우리는 수행을 통해 자유로워질 것이라고 생각합니다. 그러한 사람은 자유를 미루고 있습니다. 우리는 오직 이 순간에 깨닫게 됩니다. 십 년 동안 수행을 해야 깨달을 수 있는 것이 아닙니다. 지금 자유로워질 수 있습니다.

이 모든 영적 여정이 다 무엇인지를 자문해 보면, 단지 모든 개념들을 버리는 과정에 불과하다고 여겨집니다. 정말 그렇습니까?

영성은 그대에게 무엇을 버리라고 말하지 않습니다. 무엇을 버리겠습니까? 그것을 어디에 버리겠습니까? 이 세상에는 산이 있고 강이 있고 동물이 있습니다. 그대가 그것들을 버린다면, 그것들이 어디로 가겠습니까? 그것들은 여기에 있어야 합니다. 그 모든 것과 더불어 사랑으로 있는 편이 더 낫습니다. 거부하지도 말고 받아들이지도 말고.

그대 자신의 나로 존재하십시오. 이 모든 것은 그대 자신의 나와 분리되어 있지 않습니다. 그것들은 그대 안에 있습니다. 오직 그대의 관점을 바꾸십시오. 이것들을 그대 자신의 나로서 그대의 나 안으로 받아들이십시오. 이 모든 것이 나라는 것을 왜 받아들이지 않습니까? 이것은 사실입니다.

바람들이나 개념들에 대해서도 그래야 합니까?

그렇습니다. 그대가 이것들을 그대 안에 있는 것으로 받아들인다면, 문제가 어디에 있겠습니까? 우리가 다른 사람 혹은 다른 것과 자신 사이의 차이점들을 받아들일 때에만 문제가 있습니다. 모든 것이 그대의 나로서 그대 안에 있다는 것을 받아들이십시오. 공. 영원. 무엇이라고 불러도 상관이 없습니다. 모든 것이 그것 안에 있고, 그대는 그것과 하나입니다. 그렇다면 무엇을 거부하겠습니까? 이것들을 어디로 보내겠습니까?

그대는 전체입니다. 그대가 무엇을 어디로 보내겠습니까? "나는 모든 것이다."가 우파니샤드들의 가르침입니다. 이 모든 것은 나 자신입니다. 영성은 그대에게 무엇을 버리라고 말하지 않습니다. 이제 다른 방식으로 접근해 봅시다. 그대가 모든 것을 버리면 무엇이 남습니까? 무엇이 남겠습니까?

그대는 나의 입장에서는 아무것도 거부할 수 없습니다. 만약 그대가 거부한다면, 그대와 나 사이에 경계들이 있을 것입니다. 그대가 "가 버려."라고 말한다면, 그대와 그대가 버린 것 사이에 경계가 있을 것입니다. 그런데 진리 안에는 어떤 한계도 경계도 있을 수 없다. 그것은 전체다! 그대는 모든 것을 버리든지, 아니면 모든 것을 그대 자신으로 받아들일 수 있습니다. 그대는 원하는 대로 할 수 있습니다. 침묵하십시오. 생각들을 비우고 모든 것을 받아들이십시오.

어떻게 하면 두려움을 없앨 수 있습니까?

무슨 두려움입니까? 그대가 붙잡고 있는 것들이 모두 파괴될 것이라는 두려움일 수 있습니다. 그대의 마음이 붙잡고 있는 것들을 모두 잃어버릴 것이라는 두려움. 그대는 틈바구니에 끼어 있습니다. 한편으로는 마음이 붙잡고 있던 모든 것, 그대의 모든 소유물이 파괴되는 것을 볼 수 있습니다. 다른 한편으로는 영원이 그대를 부릅니다. 그대는 다시 돌아가기를 원치 않지만, 동시에 영원을 끌어안지도 못하고 머뭇거립니다. 이것은 잠시 머무르는 기간일 뿐입니다. 잠시 머무르는 곳입니다. 갈아탈 항공편이 방송될 것입니다. 그대는 되돌아갈 수 없습니다. 타고 온 비행기는 떠났고, 그대는 환승 라운지에 있습니다. 안내 방송을 기다리십시오. 그것이 전부입니다.

그대는 자신이 환승 라운지에 앉아 있다는 것을 알고 있습니다. 그러니 무엇에도 집착하지 마십시오. 이곳은 단지 환승 라운지일 뿐입니다. 아무도 여기에 있지 않을 것이며, 이제껏 아무도 여기에 있지 않았습니다. 여기에 집착하지 마십시오. 편안히 여행하도록 모든 것을 그대로 놓아두십시오.

삼사라 전체가 환승 라운지입니다. 아무것도 영원하지 않습니다. 모든 사람이 이동하고 있습니다. 어떤 사람은 이곳으로 오고 있고, 어떤 사람은 방송을 기다리고 있습니다. 자신이 환승 라운지에 있다는 것을 알기에 그대는 참 운이 좋은 사람입니다. 준비하고 있으십시오. 어느 것에도 집착하지 마십시오. 그대는 집으로 돌아가야 합니다.

마음과 몸 때문에 실재에 집중하기가 어렵습니다. 특별한 환경이 필요할 것 같습니다.

어디에서든 잘 소화하지 못하는 사람에게는 특별한 환경이 필요합니다. 마음에게는 머물 곳이 필요합니다. 머물 곳이 없으면 마음도 없습니다. "나는 자유롭고 싶다."라는 생각이 그대를 여기로 데려왔습니다. 그런데 그대는 아직도 생각을 붙잡고 있습니다. (웃음)

그 너머에 있는 어떤 것 또한 저를 여기로 데려왔습니다.

이 욕망은 이제 사라져야 합니다. 그대는 지금 그 욕망 속에서 살고 있는데, 그것은 이제 필요 없는 욕망입니다.

평지에 있을 때 불볕더위가 온다면, 그대는 산으로 올라가기를 원합니다. 더위를 피하고 싶은 욕망은 그대를 눈 덮인 산으로 가고 싶어 하도록 만듭니다. 그대는 편안해지기 위해 더 높은 곳으로 올라가고 싶어 합니다. 걸음을 옮길 때마다 더위는 뒤에 남습니다. 그대는 산을 계속 오릅니다. 더위는 저절로 뒤로 물러갑니다. 더 시원한 곳으로 가고 싶은 욕망으로 인해 "나는 덥다."라는 생각이 완전히 사라집니다. 그러나 그대는 여기에 있으면서도 자유라는 생각을 붙잡고 있습니다.

하지만 이 붙잡음은 먼 산에 집중하도록 도와줍니다.

그것은 이미 도움이 되었습니다. 그것은 이미 그대를 이곳으로 데려왔습니다. 그 생각은 저절로 사라져야 합니다. 그 생각이 가지 않고 있다면, 그대가 붙잡고 있기 때문입니다. 그렇다면, 이 붙잡음을 붙잡고 있기 때문에 그대는 여기에 온 목적을 잊게 됩니다.

그대는 한 번에 하나만 붙잡을 수 있습니다. 속박이라는 개념이 그대를 자유로 데려왔다면, 이제 이 개념을 버리십시오.

저는 부자유하다고 느낄 때가 아주 많고, 그럴 때면 저 자신이 불행하게 느껴집니다.

맞는 말입니다. 단지 그대의 말씨에서 접두사 부(不)만 빼십시오. 왜 그대는 쓸데없이 '부'라는 말을 쓰는 것입니까? '부'라는 말만 빼면 그대는 바른말을 하고 있습니다.

그러면 아무런 괴로움도 없습니다.

아, 그렇다면 누가 누구에게 고통을 준 것입니까?

제가 저 자신에게 고통을 주었습니다.

아닙니다, 아니에요. '부'라는 이 말이 그대에게 고통을 주었습니다. 왜 그대는 '부'라는 말을 계속 쓰고 있습니까?

그렇게 느끼기 때문입니다.

좋습니다. 그 느낌을 버리십시오.

어떻게 합니까?

하지 않음으로써.

제게는 너무 어려운 일입니다.

무엇이?

그렇게 느끼지 않기가.

아닙니다, 아니에요. 그대는 어떻게 해야 하느냐고 물었습니다. 나는 그대가 하지 않음으로써 그렇게 할 수 있다고 말했습니다. 그러니 하지 마십시오. 만약 그대가 하지 않으면, 무엇이 있습니까?

느낌이 사라질 것입니다.

그러면 무엇이 남습니까?

아무것도 없습니다.

아, 아무것도 없음 안에서 그대는 행복합니까, 불행합니까?

행복할 것이라고 생각합니다.

생각한다고요?

그렇기를 바랍니다!

그대가 "아무것도 없다."고 말한다면, 거기에는 아무런 생각도 아무런 바람도 없습니다. 행복 속에는 어떤 생각도 없습니다. 불행 속에는 생각이 있습니다. 어떤 행복이든 그 속에는 생각이 전혀 없습니다.

행복할 때 그대는 생각합니까?

아닙니다.

생각하지 않을 때 그대는 행복합니다. 행복할 때 그대는 생각하지 않습니다.

그렇습니다.

그러므로 행복해지는 데 무슨 노력이 필요합니까? 어떤 노력을 해야 한다고 생각합니까?

스승님의 말씀을 이해하기가 어렵습니다.

행복해지는 데는 이해가 필요 없습니다. 사람들은 평화의 순간을 원합니다. 그 뒤 그 자리에 머물기를 원하고, 그 순간이 지속되기를 원합니다.

이해하려 하지 마십시오. 이해하려 하면 문제가 생깁니다. 자유를 이해하려 하지 마십시오. 이해하기를 원하면 묶이게 됩니다. 대상들은 이해될 수 있습니다. 그러나 주체도 없고 객체도 없다면 어떻게 이해할 수 있겠습니까?

불가능합니다.

이해할 필요가 없습니다.

스승님, 그런데 이해에 관한 책과 경전들은 왜 그렇게 많습니까? 심지어 라마나 마하리쉬에 관한 책들도 이해를 돕기 위한 것입니다.

그것들은 이제 막 깨달음을 찾아 나선 물고기들을 낚아채기 위한 그물입니다. 깨달음을 찾으러 가는 물고기는 아주 적습니다. 따라서 속박이라는 드넓은 바다 속에 살고 있는 몇 마리의 물고기를 잡기 위하여 그렇게도 큰 그물이 필요한 것입니다. 경전들은 다른 그물들을 피해 온 물고기들을 잡기 위한 또 다른 그물입니다. 이제 그 물고기들은 경전이라는 그물에 걸렸는데, 이 그물의 그물코는 매우 촘촘합니다.

또 다른 그물이 있습니까?

마지막 그물이 경전들입니다. 신이 마지막 장애물입니다. 모든 것을 버릴 때, 그대는 자유롭습니다. 신으로부터 자유롭고, 경전들로부터 자유롭고, 삼사라로부터 자유롭습니다.

그대는 이제까지 배운 것들을 잊어야 합니다. 그때 그대는 앞으로 도약할 수 있습니다. 경전들의 이해에 매달린다면 도약할 수 없습니다. 그 뒤 그대는 자신이 이해하려 하지 않고 있다는 것을 알아차리게 됩니다. 이것이 경전들을 넘어 앞으로 도약하는 것입니다. 경전의 개념들에 집착하는 것은 세상의 지식에 집착하는 것과 다를 바 없습니다.

스승님께서 사마디 상태에 계실 때는 무슨 일이 일어납니까? 그것을 자유라고 생각하십니까?

그대는 언제 이것을 생각합니까? 사마디 전입니까, 사마디 후입니까? 사마디 중은 아닙니다. 그러므로 자유 이외에는 다른 생각이 일어나지 않도록 사마디를 늘 지속시켜야 합니다. 우선, 자유와 속박이라는 개념들이 어디로부터 옵니까? 이것을 발견하십시오. 자유를 얻기 위해서가 아니라, 그대가 이제까지 해 온 일을 원래대로 되돌림으로써 발견하십시오.

하지만 되돌림이나 포기도 행하는 것입니다.

공이 본연의 위치입니다. 붙잡으려 노력하는 것은 공에다 무엇을 첨가하는 것입니다. 지금 나는 전에 한 일을 원래대로 되돌리고 있습니다. (들고 있던 종이를 들어 올린 뒤 손을 펴자 종이가 바닥에 떨어진다) 나는 붙잡고 있던 것을 놓았습니다. 속박이라는 관념은 그대의 성품이 아닙니다. 그대의 성품은 늘 자유입니다.

아니, 아닙니다. 그대의 성품은 자유입니다. 자유가 그대의 성품이 아니라면 그것을 찾지 않을 것입니다. 그대는 자유를 찾지 않을 것입니다.

모든 사람이 집으로 돌아가기를 원합니다. 모든 사람이 자기의 진정한 성품으로 되돌아가기를 원합니다. 자유가 그대의 성품입니다. 그대가 자신 위에 얹은 것, 불행하다거나 속박되어 있다고 하는 것들은 관념에 불과합니다. 상상으로 만들어 낸 개념입니다. 그러니 버리십시오. 그러면 그대는 "나는 무엇을 하고 있다."고 말할 수 없습니다.

그대가 강한 상상력으로 인해 방 안에서 유령을 본다고 굳게 믿는다고 가정합시다. 그래서 그 유령을 물리치기 위해 어떤 사람이 옵니다. 이 사람은 유령을 내쫓았다고 말합니다. 사실은 유령도 내쫓음도 없었습니다. 그대의 본연의 상태로 돌아온다는 것은 이런 것입니다.

그러므로 처음부터 이것은 그대의 문제였습니다. 자, 이 중요한 문제를 어떻게 풀어야 하겠습니까? 되돌리는 것도 행하는 것입니다. 노력하지 않는 편이 더 낫습니다. 이것을 이해하려 하지 마십시오. 되돌린다는 것은 그대가 이제까지 읽고, 듣고, 보고, 느낀 모든 것을 잊는다는 뜻입니다. 그것이 자유로 돌아가는 길입니다. 그 밖의 모든 것은 그대에게 첨가된 것들입니다. 모든 지식들은 사회, 부모, 교회가 그대에게 첨가한 것들입니다.

저는 자유로 돌아갈 수도 없다고 느낍니다. 자유는 이미 여기에 있기 때문입니다.

그래요, 그렇습니다. 그럴 때는 여기에서 멈추고 이해하려 하지 마십시오. 그것이 전부입니다. 이해하려고 노력하면 다시 시작됩니다.

머리를 한 방 맞은 기분입니다.

부드러운 한 방입니다. 이해하려 애쓰지 마십시오.

우리는 생각하지 않으려면 노력이 필요하고 욕망들은 자연스러운 것이라고 느낍니다. 그러나 사실은 정반대입니다. 그것은 환영입니다! 그것이 우리를 묶고 있습니다.

질문들이 일어나면 저는 그 생각을 따라 근원으로 갑니다. 공에서는 질문이 없습니다.

나에 이르고 나서 보면, 그대가 나 아닌 적이 있던가요? 아무것도 이해할 필요가 없습니다. 이해하려고 애쓸 때 마음의 작용이 일어납니다. 이 마음 작용은 그대를 그릇된 방향으로 데려가는 행위입니다.

## 제5장

# 마음 그리고 자아 죽이기

파파지, 제게 되풀이되는 어려움은 자유로워지는 과정에 자아가 끼어들려 한다는 것입니다. 자아는 자화자찬을 하며 말합니다. "날 좀 봐. 참 대단하지?" 저의 다른 부분은 "안 돼, 끼어들지 마."라고 말하지만, 제 자아는 어린아이처럼 "나도! 나도 끼워 줘!"라고 떼를 씁니다. 그래서 떼어내기가 힘듭니다.

떼어낼 필요가 없습니다. 이 호의적인 자아를 이용해야 합니다. 그것은 착한 자아, 좋은 자아입니다. 자아가 자유롭기를 원한다면, 그것은 좋은 징후입니다. 먼저 자아가 시작할 것입니다.

대개 자아는 그대가 자유로워지는 것을 원치 않습니다. 그래서 그대를 감각의 대상들에게로 데려가려 할 것입니다. 대부분 즐기기 위해서.

만약 자아가 자유롭기를 원한다면, 자아와 함께 시작하십시오. '나'라는 것도 자아입니다. 그렇지 않습니까?

그렇습니다.

그대는 자아를 통하여 모든 일을 하고 있습니다. 세상의 모든 일은 자아를 통해 이루어지고 있습니다. 이제 그대는 이 자아를 이용해야 합니다. 이 자아를 그것이 일어나는 근원인 나 쪽으로 데려가십시오. 만약 자아가 자유롭기를 원한다면, 이 자아를 자유로 데려가십시오. 그것의 근원으로 돌아가십시오.

자아는 생각입니다. 그렇지 않습니까? 자아는 아침에 떠오르는 첫 번째 생각입니다. "나는 프레드다."라는 것은 프레드-생각입니다. 그러므로 이 자아-생각을 그것이 일어나는 곳으로 뛰어들게 하십시오.

'나'가 자아의 역할을 맡았습니다. '나', 진정한 '나'가 자아로서 '나'가 되었습니다. "나는 이것을 하고 있다. 나는 그것을 했다. 나는 그것을 원한다. 나는 이것을 원하지 않는다. 나는 안다." 이 생각들은 자아로서 일어납니다.

이제 이 자아가 그것이 일어나는 근원으로 되돌아가게 하십시오. 그대는 말했습니다. "저의 자아는 자유롭기를 원합니다." 그러니 이 자아가 그것의 근원으로 돌아가게 하십시오. 그러면 이 자아-나는 그대에게 진정한 근원과'나'를 소개할 것입니다. 자아가 근원으로 되돌아갈 때, 이 '나'는 근원으로 들어가 합쳐질 것입니다. 이 생각이 매우 축복받은 생각이라는 것은 이 때문입니다.

"나는 자유로워지고 싶다."라는 말에도 여전히 자아가 나타나고 있습니다. 그러므로 그대는 이 자아-생각, 나-생각을 다루어야 합니다. 그것의 원천으로 되돌아가게 하십시오. 그때 자아는 자신의 얼굴을 볼 것입니다. 자아는 근원과 하나 되어 사라질 것입니다. 그리하여 근원만이 남을 것입니다. 이 자아는 다시 나타나지 않을 것입니다. 마치 강물이 바다로 흘러들어 바다와 하나 되고 되돌아오지 않듯이, 자아도 그렇게 바다로 들어가 사라질 것입니다.

이제는 근원이 직접 일할 것입니다! 자아적인 것이 아닙니다. 사고 과정의 개입이 없는 자발적인 행위만이 있을 것입니다. 오직 생각 없이 이루어지는 직접적이고 자발적인 행위만 있을 것입니다.

먼저'나'가 생각하고, 그 다음에'나'가 행동합니다. 이 과정은 사라지고, 상황에 따른 직접적인 행위가 있을 것입니다. 이 과정 속에는 기억조차 없을 것입니다. 그대에게는 기억이 필요 없습니다. 기억은 자아입니다.

이 모든 것이 끝날 것입니다. 마음은 마음 없음이 될 것입니다. 마음과 자아는 그다지 다르지 않습니다. 마음도 없고 자아도 없습니다. 사실 그것들은 존재한 적이 없습니다!

이것들은 단지 그대의 욕망들일 뿐입니다. 삼사라를 즐기려는 욕망들입니다. 그러나 실상 그것들은 존재하지 않습니다. 그대는 자아의 얼굴이나 마음의 얼굴을 본 적이 없습니다. 그것은 유령과 같습니다. 우리가 있다고 믿는 유령과 같습니다. 자아는 세대와 세대를 통해 전해 내려왔습니다. 실상은 자아도 없고, 마음도 없고, 삼사라도 없습니다.

그럼에도 불구하고 자아가 일어날 때 삼사라도 일어납니다. 자아가 멈출 때 삼사라도 멈춥니다. 삼사라가 그칠 때, 그대는 그대의 성품을 알게 될 것입니다. 노력으로는 결코 알 수 없습니다!

심지어 명상할 때조차도 그대는 자아를 통해 제시된 것을 명상합니다.

스승님께서 지금 말씀하신 방법은 사랑으로 자아를 다루는 것 같습니다. 평소 저는 자아를 사라지게 하려면 자아를 없애거나 죽여야 한다고 생각했습니다. 하지만 지금 스승님께서는 자아로 하여금 자신의 진정한 성품을 보게 하라고 말씀하십니다.

맞습니다.

그 방법은 더없는 사랑으로 행하는 길인 것 같습니다. 왜냐하면 그것은 죽이는 길이 아니라 향상시키는 길이기 때문입니다. 자신의 진정한 성품을 보는 것은 무엇이나 완벽해질 것입니다.

그대가 자아를 죽이려고 결정할 때, 이것은 바로 자아입니다. 그대가 어떻게 자아를 죽이겠습니까? 지금까지 자아를 죽였다는 사람이 있습니까? 어떤 무기로 자아를 죽일 수 있습니까? 뭔가를 죽이려면 먼저 죽일 것이 있어야 합니다. 먼저 그대는 죽일 것을 보이야 합니다. 만약 보인다면 그것은 이미 죽임을 당한 것입니다.

"나는 자아를 죽이고 싶다."라는 생각이 일어나면 '나' 자체를 조사하십시오. "나는 자아를 죽이고 싶다."라고 말할 때는 '나'로 되돌아와서, 죽여야 할 어떤 자아가 있는지 보십시오.

스승님께서는 자아를 바다에 일어나는 파도와 같다고 종종 말씀하십니다. 저에게는 바다와 자아가 동일한 어떤 것의 일부로 보입니다. 이제는 제 자아 속으로 깊이 가라앉은 뒤 자아의 자리에서 제가 바다임을 알아야 한다고 느낍니다.

아닙니다. 그렇게 하는 것이 아닙니다. 파도가 바다에 속한다고 말할 때, 파도가 바다와 다르다고 말하는 자는 누구입니까?

자아입니다.

자아는 파도입니다. 그대는 근원입니다. 그대는 바다입니다. 그런데도 그대는 바다의 자리에서 자신을 바다라고 여기지 않습니다. 그대가 바다라면 어찌 파도들과 다를 수 있겠습니까? 파도들과 무슨 대립이 있겠습니까?

없습니다. 하지만 문제는 어떻게 자아로부터 근원으로 가느냐 하는 것입니다.

이 근원이 바로 바다입니다. 자아는 파도처럼 바다의 표면 위에서 놀고 있습니다. 문제는 그대가 지금 자신을 해변에 서서 바다와 파도를 바라보고 있는 사람으로 묘사하고 있다는 점입니다. 그대는 자신을 바다로 여기고 "나는 바다다."라고 말해야 합니다.

알겠습니다. 저는 저 자신을 파도로 보았던 것 같습니다. 하지만 만약 제가 저 자신을 정말로 파도로 본다면, 저는 바다와 분리되어 있지 않을 것입니다. 파도는 자신을 바다와 분리된 것으로 볼 수 없습니다.

그대는 바다여야 합니다. 그대는 바다입니다. 파도가 일어날 때, 그대는 파도 아래에 있습니다. 파도가 어떻게 바다와 다를 수 있습니까? 이름, 형상, 움직임. 이 모든 것은 활동입니다. 그러나 바다가 어찌 파도의 이름과 형상, 움직임에 관심을 갖겠습니까?

파도들이 일어나고 가라앉고 움직이지만, 바다가 어찌 여기에 관심을 갖겠습니까? 먼저 바다가 되고 난 뒤에 보십시오. 어디에 파도가 있습니까? 어디에 자아가 있습니까?

이 파도들은 바다에서 일어나는 삼사라입니다. 아래에는 니르바나가 있습니다. 바다는 니르바나다. 텅 빔. 그 텅 빔 안에서 파도들이 일어납니다. 텅 빔 안에서 파도들이 움직인다면, 어찌 그것들이 텅 빔 자체와 다르겠습니까? 그것들은 모두 비어 있습니다!

그러므로 그대는 근원으로, 텅 빔으로, 바다로 되돌아와야 합니다. 그런 뒤에 그대가 어떻게 느끼는지, 그대의 이름과 형상으로 활동하고 움직일 때 그대가 어떻게 다른지를 보십시오.

"제게는 가정과 아이들이 있습니다. 저는 또 너무나 많은 일을 하고 있습니다. 이런 제가 깨어날 수 있겠습니까?"라고 묻는 사람에게는 어떻게 말씀해 주시겠습니까?

그 사람은 자신에게 가정이 있다는 꿈에서 깨어나야 합니다. 사람은 늘 자유롭고 늘 혼자입니다. 마음이 꿈꾸고 있을 뿐입니다. 예를 들어, 잠을 자면서 나는 꿈속에서 결혼을 하고 자식을 낳습니다. 꿈속에서 나는 명상할 시간이 없다거나 산 속의 동굴로 갈 시간이 없다고 걱정합니다. 이것들은 모두 꿈속에서 사는 동안 하는 말입니다. 그 사람을 꿈에서 깨어나게 하는 편이 더 낫습니다. 이 사람에게 닿은 것은 아무것도 없습니다. 사람은 항상 혼자입니다. 이름이나 형상을 본다면, 그대는 꿈속에 있습니다.

항상 나 속에 머물러 있어야 한다는 마하리쉬의 글을 읽은 적이 있습니다.

나는 이렇게 말하겠습니다. 마음을 어디에도 머물지 않게 하십시오.

마음은 머물지 않습니다.

마음 외에 무엇이 머문다는 말입니까?

그렇습니다. 그러나 마음은 끝나 버립니다.

그렇습니다. 그것이 머물지 않음입니다. 만약 그대가 어딘가에 머무른다면, 그대는 거기에 머무르기 위해 다른 곳을 거부해야 합니다. 만약 그대가 여기에 머무른다면, 마음은 다른 곳에 머무르기 위해 뛰쳐나갈 것입니다. 마음을 어디에도 머물지 않게 하면 어떻게 될 것입니까? 마음은 오직 대상에만 머물 수 있습니다. 대상을 치워 버리면, 마음은 대상에 매달릴 수 없습니다. 그러면 마음 없음이 있을 것입니다.

그러면 마음이 마음의 대상이 됩니다.

그렇습니다. 같은 말입니다. 대상이란 대상화된 마음입니다. 마음을 어디에도 머무르지 않게 하면 마음 없음이 있습니다. 마음 없음은 자유입니다. 마음이 머무를 때 삼사라가 나타납니다. 삼사라는 마음의 구조물입니다.

# 제6장

# 생각과 텅 빔

한 여자가 결혼을 막 앞두고 있었습니다. 결혼을 앞둔 여자들이 보통 그러하듯 그녀의 머리는 미래에 대한 생각들과 계획, 아이디어들로 가득 차 있었습니다. 그녀가 이웃 마을로 가기 위해 집에서 나와 숲길을 걷고 있을 때 갑자기 사자 한 마리가 나타나 길을 막고 섰습니다.

이 순간 그녀의 마음은 어디에 있습니까? 그녀의 과거는 어디에 있습니까? 미래에 관한 생각과 계획들은 어디에 있습니까?

미래는 과거에 의존하고 있습니다. 마음은 무덤을 파헤치는 자입니다! 마음은 낡은 뼈들을 씹기 위해 과거라는 무덤을 파헤치고 있습니다! 그러므로 그대가 걷는 길에 나타난 사자를 환영하십시오.

저는 공을 체험하는 것 같은데, 웬일인지 그것은 무겁습니다.

공은 무겁지 않습니다. 그것은 진정한 공일 수 없습니다. 생각하고 있는 자는 누구입니까? 생각하는 이 '나'는 어디에 살고 있습니까? 그대에게는 '나'도 하나의 생각입니다. 그것을 그 근원까지 추적하여 그것이 어디에서 일어나는지를 발견하십시오. 생각이 멈출 것입니다. 처음에는 대상이 없고, 다음에는 행위가 없고, 그 다음에는 '나'가 없을 것입니다.

이런 이유로 나는 그대에게 수행 방법을 제시하지 않습니다. 그대가 한두 시간, 열흘 혹은 한 달 동안 은둔하며 명상을 한다면, 나머지 날들에는 무엇을 할 것입니까? 명상은 1분에 60초, 한 시간에 60분, 하루 24시간 지속되어야 합니다.

그것이 진정한 침묵입니다. 그것이 진정한 명상입니다. 진정한 명상은 결코 멈춤이 없습니다! 아무것도 할 것이 없다는 것은 이 때문입니다. 수행은 없습니다. 단지 이미 그대인 채로 존재하십시오!

나는 그대에게 아무것도 주지 않고 아무것도 빼앗지 않습니다. 오직 이미 그대인 그것을 가리키고 있을 뿐입니다. "제가 공을 체험한 것 같아."라고 생각하며 이 자리를 떠나지 마십시오.

먼저, 생각하고 경험하는 활동 혹은 행위를 없애십시오. 다음에는 '나'를 없애십시오. 그때 우리는 시작할 수 있습니다! 그러면 재미있게 토론할 여지가 있습니다. 이 자리에서 그대의 실재에 대해 얘기하십시오.

삿상에 참석하다 보면 저는 잠들어 버립니다. 그 동안은 기분은 좋은데 백지처럼 텅 빈 상태입니다. 그러다가 문득 다시 깨어납니다. 깨어 있도록 애써야 합니까?

아닙니다. 삿상 동안에 잠자는 것은 좋습니다. (모두들 한참 동안 웃는다) 삿상 중에 깨어 있다가 잠들고 삿상 중에 다시 깨어난다면, 어떻게 그 간격을 잠이라고 부를 수 있겠습니까? 그대가 "나는 명상을 하고 있다." 고 생각하다가, 다음에 "나는 잠자고 있다."고 생각하고, 그 다음에 다시 "나는 명상을 하고 있다."고 생각한다면, 어떻게 그것을 잠이라고 부를 수 있겠습니까? 잠들려 할 때, 그대는 삿상이라는 가방을 어디에 두었습니까?

여전히 여기에 있었습니다.

여전히 여기에. 깨어나 보았을 때, 그대는 삿상이라는 이 가방을 잠자는 동안에는 어디에 두었습니까?

여전히 여기에 두었습니다.

그렇습니다. 이것이 의식입니다. 의식은 잠자지 않습니다. 깨어 있는 상태에서 의식은 깨어 있습니다. 잠자는 상태에서 의식은 깨어 있습니다. 이 자각은 변하지 않습니다. 상태들은 변할 수 있습니다. 그러나 그대는 그 자각입니다. 깨어 있는 상태에 있든, 잠자는 상태에 있든, 꿈꾸는 상태에 있든. 아무런 차이가 없습니다. 차이는 마음이 만듭니다. 삿상을 하는 동안, 우리는 마음에 대해서가 아니라 자각에 대해서 말하고 있습니다. (웃음)

자유에 관한 질문을 하나 드리겠습니다. 차크라와 관련해 어떤 방법을 써야 하는지 말씀해 주십시오.

방법들에 대해서는 걱정하지 마십시오. 성실하고 정직하고 또 자유를 얻고자 하는 진정한 욕망이 그대에게 있다면, 잘못된 방법들조차도 그대를 자유로 데려다 줄 것입니다. 그러므로 100퍼센트의 욕망을 일으키십시오. 나머지는 스스로 해결될 것입니다. 무엇을 하고 있는가는 중요하지 않습니다. 목표가 중요합니다. 그대는 원하는 것을 무엇이든 할 수 있습니다. 그러나 목표는 "나는 자유로워야 한다."가 되어야 합니다. 그대는 성실하고, 진지하고, 정직해야 합니다. 그렇다면 방법들에 대해서는 걱정하지 마십시오. 이 내면의 나는 의식 그 자체입니다. 만약 그대가 올바른 방법을 모르고 있다면, 그것이 그대를 안내할 것입니다. 그대가 도착하려는 곳에서, 그것은 누가 오고 있는지를 이미 알고 있으며 적절한 방식으로 그대를 맞이하러 나올 것입니다. 그대는 정직해야 합니다. 올바른 방법이 무엇인지에 대해서는 걱정할 필요가 없습니다.

제 마음은 일어나고 있는 일을 소유하려 하고 통제하려 합니다.

통제라는 생각이 일어날 때 마음은 저항합니다. 마음을 통제하지 마십시오. 마음을 원하는 대로 가게 놓아두십시오. 이 순간 그것이 어디든 달려가게 놓아둔다면 무슨 일이 일어나겠습니까?

마음이 편안해집니다.

긴장이 없고 싸움이 없기 때문입니다.

마음이 어디든 가고 싶은 대로 가게 놓아두는 것, 이것은 정반대의 방법입니다. 모든 명상은 마음을 통제하려 하지만, 이것은 마음을 놓아주는 방법입니다. 어떤 차이가 있을 것 같습니까?

결과는 같습니다.

그렇습니다. 어떤 사람들에게는 둘 다 효과가 없고, 어떤 사람들에게는 둘 다 효과가 있고, 다른 사람들에게는 첫째 혹은 둘째 방법이 효과가 있을 것입니다. 문제는 그대의 진지함, 그대의 바람이지 방법이 아닙니다.

그대는 늘 근원 안에 있습니다. 그대가 어찌 근원을 떠날 수 있겠습니까? 근원 밖에 있다는 것은 우스운 농담입니다. 물속의 물고기가 "목말라요."라며 소리치고 있습니다. 그대는 물고기처럼 소리치고 있습니다. "나는 근원이 아니야. 나는 나 자신이 아니야. 나는 참존재(I AM)가 아니야." 이것은 대단한 농담입니다. 그대가 자유를 찾아서 여기로 온다는 것은 대단한 농담입니다. 나는 이 농담을 즐깁니다. 그대는 그대가 온 곳으로 되돌아갈 것입니다.

글쎄요. 어떤 중요한 것이 있겠지요, 파파지?

중요한 것은 오직 이것뿐입니다. 다른 중요한 것은 없습니다. 오직 이것만이.

만약 제가 여기에 온 것이 농담에 불과하다면, 평범한 사람과 깨달은 사람 간에는 어떤 차이가 있습니까? 아무런 차이가 없습니까?

차이가 하나 있습니다. 무슨 차이가 있습니까?

모르겠습니다. 저는 깨달은 사람이 아닙니다.

"나는 깨닫지 못했다.", "나는 깨달았다."라고 같은 참존재가 말하고 있습니다. 이 참존재는 동일합니다.

하지만 깨달은 사람의 경험은 다르지 않습니까?

참존재 안에는 아무런 경험이 없습니다. 참존재 아닌 경험들만 버리면 됩니다. "나는 이렇고 저렇다." 이것은 경험입니다. 참존재는 경험을 하기 위하여 누군가가 되었습니다. 참존재는 존재입니다. 참존재는 자각입니다. 먼저 참존재에 이른 뒤, 어떤 경험을 하는지 말해보십시오.

온 우주가 이 참존재 안에 담겨 있습니다. 그러므로 얻을 것도 해야 할 것도 없습니다. 참존재에 이르고 나서 어떤 경험을 하는지 보십시오. 참존재는 영원합니다. 죽음은 여기로 들어올 수 없습니다. 깨어 있을 때, 깊이 잠들어 있을 때, 꿈을 꿀 때 그것은 여기에 있습니다. 잃을 것도 없고 얻을 것도 없습니다.

무엇이 되거나 무엇을 기대하려면 무엇인가를 해야 합니다. 그러나 참존재로 있기 위해 해야 할 일은 아무것도 없습니다. 참존재의 충만함은 텅 빔입니다. 참존재는 바다입니다. 파도들은 우주요, 삼라만상이요, 일어나는 모든 일입니다. 그대는 즐길 수 있습니다. 이것을 릴라의 유희라고 합니다.

그대가 한 생각을 일으키고 그것을 붙잡지 않는다면, 무슨 일이 일어납니까? 그 생각은 공으로 돌아가고, 그래서 생각 없음이 있게 됩니다. 오직 집착만이 충족되지 않은 욕망을 만들어냅니다.

"나는 자유롭기를 원한다."라는 생각이 일어나면, 그것은 집착이 아닙니다. 왜냐하면 자유는 대상이 아니기 때문입니다. 그 생각은 어디에서 일어납니까? 그것은 일어난 곳으로 합쳐집니다. 그리고 그대는 그것을 의식합니다. 그러므로 그것을 자유라 부릅니다. 노력이 들지 않습니다. 수행하지 마십시오. 단지 무슨 일이 일어나는지 지켜보십시오. 늘 주의를 기울이고 알아차리는 것으로 충분합니다. 심지어 "나는 알아차리지 못하고 있다."고 말할 때조차도 그대는 자신이 알아차리지 못하고 있음을 알아차리고 있었습니다.

마음은 자유를 대상으로 만드는 경향이 있습니다.

왕이 정원을 꾸민다고 해서 그를 정원사라 부르지는 않습니다. 그는 여전히 왕입니다.

생각 없음이라는 자각도 버려야 할 미묘한 생각입니까?

물론 버려야 합니다.

어떻게 버립니까?

이 질문을 일으키지 않음으로써. 어떻게 버리느냐는 이 질문을 일으키지 않으면 무엇이 남습니까?

자각만이 남습니다.

그런데 그대는 어떻게 하여 그렇게 했습니까? (웃음)

이것은 마음의 속임수에 불과합니다.

그대가 그것을 속임수라 부른다면, 그것은 더 이상 속임수가 아닙니다. 그렇지 않습니까? 속임수란 그대를 앞으로 나아가지 못하게 하는 것입니다. 이러한 것을 마야(maya)라 합니다. 그러나 마야는 상상일 뿐입니다. 이것은 속임수가 아닙니다. 그대는 멈추기를 원합니다. 더 나아가기를 원하지 않습니다. 그래서 그대는 책임을 속임수에게 떠넘기고 있습니다. 그러나 이것은 속임수가 아닙니다. 참존재는 속임수가 아닙니다. 그대는 날 때부터 있는 그대로 존재하고 있습니다. 이것은 속임수가 아닙니다. 그대가 속임수라고 말한 것은 그대가 앞으로 더 나아가기를 원하지 않는다는 말입니다.

저는 공간을 날아가는 모습을 경험하곤 하였습니다. 그럴 때마다 두려웠습니다. 이제는 내릴 곳이 없음을 알기에, 지금도 그 모습을 경험하지만 더는 두렵지 않습니다.

아무것도 두려워하지 않는다면, 왜 그대는 자신을 공간 자체로 여기지 않습니까? 그대는 이미 그것입니다. 그대의 모습은 바다를 거부하고 바다로부터 달아나려는 파도와 같습니다. 그렇지 않습니까? "나를 구하려면 다른 곳으로 가야 한다." 파도는 바다를 너무도 두려워하여 바다를 피해 굉장한 속도로 달아납니다. 늘 파도는 자신이 어떻게 해야 하는지, 자신이 어떻게 해 왔는지, 자신이 누구였는지 생각하며 바다를 버리고 떠납니다. "나는 나를 구해야 해."라고 하고 있습니다.

도대체 왜 이렇게 기슭을 향하여 달아납니까? 파도는 자기의 바탕, 자기의 본질과 하나가 되어야 합니다. 자신이 바다임을 알아차리려면 개별적인 이름과 형상을 버려야 합니다.

그러므로 공간이라는 느낌이 일어나면, 그대 자신이 바로 공간임을, 바다임을 알아차리십시오. 그때 그대는 "아, 알았다!"라고 외칠 수 있습니다.

스승님께 드릴 질문들이 일어나고 있음을 봅니다. 그러나 제가 그 질문들의 근원으로 따라가면 그것들이 사라집니다.

그대가 이 속임수를 알면 누구에게 무엇을 물을 필요가 없습니다. 이 단순한 속임수를 알면 어떤 것도 어느 곳도 물을 필요가 없습니다. 그러니 그곳에 머무르십시오. 그곳이 그대의 영구불변한, 영원한 거처입니다. 그곳에서는 그 무엇도 그대에게 미칠 수 없습니다.

집에 있지 않을 때, 그대는 슈퍼마켓을 돌아다닙니다. 그대는 물건을 사고, 어떤 것들을 좋아하고, 그래서 거기에 머무르기를 원합니다. 지금 그와 같은 일이 일어나고 있습니다. 그대가 직면하고 있는 모든 문제들은 슈퍼마켓에서만 일어납니다. 집에서는 아무런 문제가 없습니다. 아무런 걱정거리가 없습니다. 너무 늦게 집으로 돌아간다면, 그대는 떠밀리고 문이 닫힐 것입니다. 그때 집으로 돌아가면 너무 늦을 것입니다. 그러므로 지금 집으로 돌아가십시오. 물건 사기를 끝내고 지금 집으로 돌아가십시오.

내가 말하는 이 집은 그대 자신의 나입니다. 그것은 영원입니다. 거기에는 요구하는 것도 없고, 필요한 것도 없고, 부족한 것도 없습니다. 따라서 아무런 욕망이 없습니다. 욕망은 마음속에만 존재하며 무엇인가가 부족할 때만 있습니다. 그대는 무엇인가를 갈망하고 그래서 그것을 좇아

집 밖으로 달려 나옵니다. 그대의 진정한 집은 그 자체로 완벽하며 완전합니다. 거기에는 아무런 결핍이 없습니다. 거기는 완전히 충만합니다. 모든 것으로 가득 차 있습니다. 그대는 그곳의 주인입니다. 거지가 되지 마십시오. "나는 이것이 필요해. 나는 저것이 필요해."라고 말하는 것은 단지 몇몇 '물건'들을 구걸하는 것에 지나지 않습니다.

그대는 "저는 깨달은 사람이 아닙니다."라고 말했습니다. 그대는 이 생각을 어디에서 얻었습니까? 과거로 가지 않았습니까? 누가 깨닫지 않았습니까? 과거입니까, 현재입니까?

과거입니다.

그러므로 깨닫지 않았다는, 무지하다는 이 관념을 얻기 위해 그대는 과거로 가기 위해 노력했습니다. 그러니 과거로 가기 위해 노력하지 말고, 지금 무슨 일이 일어나는지 봅시다. 과거로 가거나 미래를 상상하고자 노력하지 마십시오.

과거나 미래가 없을 때 그대는 누구입니까? 그 틈 순간에 그대는 깨달아 있습니다. 이 순간을 떠난다면, 그대가 이제 어디로 가겠습니까?

무지한 사람이 되어 보십시오! 이 빛의 순간을 벗어나서 어둠 속으로 들어가 보십시오.

그렇게 할 수 없습니다.

불가능합니까? 좋습니다. 그러면 본디 그대인 채로 머무르십시오. 아무런 노력이 들지 않습니다. 다른 존재가 되려면 어디론가 가야 합니다. 무엇인가가 된다는 것이 어리석음을 알 때, 이것이 깨달음입니다. 이것을 위해서는 어떤 노력도 할 필요가 없습니다.

왜 스승님께서는 공이라는 말을 그렇게도 자주 사용하십니까? 공이라는 말을 정말로 좋아하시는 것 같습니다.

누구나 어떤 말들에 매력을 느낍니다. 이 말을 사용할 때 나는 내 경험에 비추어 말하는 것일 뿐 다른 이유는 없습니다. 이것은 나의 경험입니다. 그 경험을 묘사할 적당한 단어를 달리 찾지 못했습니다. 그것은 표현할 수 없는 경험입니다. 거기에는 아무런 흔적이 없습니다. 아무것도 없습니다. 내가 공이라는 단어를 사용하는 것은 그것이 나의 경험을 표현할 수 있는 최선의 말이기 때문입니다. 어떤 것도 존재한 적이 없습니다. 그대는 그것을 공이라 부를 수 있습니다. 나의 지식으로는 더 알맞은 말을 찾을 수 없습니다.

1919년, 제1차 세계 대전이 끝났을 때 나는 학교에 다니는 어린 소년이었습니다. 영국의 승리로 우리는 한 달 동안 특별 방학에 들어갔습니다. 우리는 모두 작은 배지를 받았고 그래서 무척 행복했습니다.

어머니는 라호르에 있는 이모를 방문하러 갔습니다. 나도 함께 갔습니다. 그곳은 국경에서 백 마일쯤 떨어진 곳이었습니다. 어느 날 저녁, 우리는 함께 바깥으로 나가서 망고 셰이크를 마셨습니다. 망고 셰이크는 펀잡 지방에서 흔히 마시는 음료였습니다. 우리는 탁자에 둘러앉아 있었고 한 사람 한 사람에게 망고 셰이크를 돌리고 있었습니다. 내 차례가 되었을 때 나는 그 당시에는 설명할 수 없는 상태에 빠져 있었습니다. 그때까지 나는 사마디라는 말을 들어 본 적이 없었습니다. 누군가가 내게 컵을 건네주었을 때 나는 컵을 잡기 위해 손을 내밀지도 못했고 아무 말도 하지 못했습니다.

어머니는 내가 잘못된 게 아닐까 하며 무척 염려했습니다. 친척들은 나를 가까이 있는 모스크로 옮겼습니다. 이모 가족은 힌두교인이었지만 이슬람교인들이 대다수인 동네에 살고 있었습니다. 그래서 어디가 아프면 도움을 받기 위해 모스크로 갔습니다. 사람은 물론이고 동물도 모스크의 사제에게로 데려갈 수 있었습니다. 그러면 사제는 만트라 같은 말을 중얼거리곤 했습니다.

그래서 그들은 나를 이슬람 사원으로 데려갔는데, 사제는 내게 귀신이 들렸다고 단언했습니다. 그들은 그 이상 알지 못했기에 이 말은 그럴 듯하게 들렸습니다.

그들은 나를 집으로 데리고 왔고, 나는 고요에 잠겨 밤새 앉아 있었습니다. 다음 날 아침이 되자 나는 다시 말을 할 수 있게 되었습니다.

어머니는 내게 "왜 말을 하지 않았니?"하고 물었습니다. 나는 모른다고 말했습니다. 그러자 어머니는 크리슈나를 보았느냐고 물었습니다. 나는 "아뇨, 아무도 없었어요."라고 대답했습니다.

어머니는 내가 왜 어느 때는 웃고 어느 때는 울었는지를 알기 원했습니다. 내가 무엇을 보았는지를. 나는 어머니에게 아무것도 보지 못했다고 얘기했습니다. 우리가 지금 얘기하는 것을 처음 경험한 것은 그때였습니다. 그 동안에 나는 아무것도 보지 못했습니다. 그러나 나는 아주 행복했습니다. 그 행복을 표현하기 위하여 나는, 지금까지 칠십 년 동안 해온 대로, 앉을 때마다 시간 너머에 있는 그 공간으로 돌아갑니다. 그 순간을 표현하기 위해 나는 공이라는 단어를 사용하지만, 거기는 없음도 아니었고 무엇도 아니었습니다. 내면에서 나는 또렷이 의식했지만 그 의식을 어떤 이름으로도 묘사할 수 없었습니다. 그래서 나는 '공'이라는 단어를 사용합니다.

그러면 그것을 '이름과 형상의 공'이라고 말할 수 있겠습니까?

이름과 형상뿐 아니라 공자체도 공인 것을 말합니다. 나는 이 단어를 어딘가에서 빌렸습니다. 나는 묘사할 수도 없고 또 묘사할 언어도 알지 못하지만, 그대에게 얘기하려면 그대가 이해할 수 있는 어떤 단어를 사용해야 합니다. 그 단어가 '공'입니다.

그곳에는 시간이라는 관념이 없습니다. 빛도 없습니다. 어두움도 없습니다. 오직 의식만 있습니다. 이 의식은 어떤 상상으로도 이해할 수 없습니다. 거대한 공입니다.

누군가에 대하여 말하는 것은 웬만큼 이해할 수 있습니다. 그러나 만약 그것이 이해된다면 그것은 함정이 됩니다. 이해와 오해는 모두 무지의 책략 안에 있으며, 단지 마음의 영역일 뿐입니다. 이것은 배움이 아닙니다. 이것은 그대의 생득권입니다. 그대 자신으로 존재하기 위해서 공부할 수는 없습니다. 그대는 숨 쉬는 방법을 이해할 필요가 없습니다.

스승님의 말씀을 들으니 "소매치기가 붓다를 만나면 붓다의 호주머니만을 본다."라는 말이 생각납니다.

소매치기의 달인이 있었습니다. 이 소매치기는 라호르에 살고 있었는데, 그곳은 다이아몬드 거래의 중심지였습니다. 어느 날 그는 완벽한 최상의 다이아몬드를 구입하는 사람을 보았습니다. 이 다이아몬드는 그가 평생 고대하던 것이었습니다. 그는 무슨 수를 써서라도 그 다이아몬드를 가져야만 했습니다.

그래서 소매치기는 다이아몬드를 산 남자를 뒤따랐습니다. 그 사람이 첸나이 행 기차표를 구입하자 소매치기도 같은 기차표를 구입했고, 결국 두 사람은 같은 칸막이 방을 쓰게 되었습니다. 그 사람이 화장실에 가자 소매치기는 구석구석을 샅샅이 뒤졌습니다. 그 사람이 잠 들었을 때도 계속 찾아보았지만 헛수고였습니다.

마침내 기차는 첸나이에 도착했고, 다이아몬드 상인은 기차에서 내렸습니다. 소매치기는 그를 뒤따라갔습니다.

"실례합니다, 선생님." 소매치기가 말을 걸었습니다. "저는 소매치기의 달인입니다. 저는 선생님의 다이아몬드를 훔치기 위해 온갖 시도를 다 해 보았지만 성공하지 못했습니다. 선생님은 이제 목적지에 도착했습니다. 이제는 선생님께 폐를 끼치지 않겠습니다. 하지만 선생님이 다이아몬드를 어디에 숨겼는지는 꼭 알고 싶습니다."

그 사람이 말했습니다. "나는 다이아몬드를 살 때 당신이 지켜보고 있다는 것을 알아차렸습니다. 당신이 기차를 탄 것을 보고는 다이아몬드를 노린다는 것을 알았습니다. 나는 당신이 매우 영리할 것이라고 생각했고, 그래서 다이아몬드를 어디에 숨기면 당신이 절대로 찾지 못할까 하고 궁리를 했습니다. 결국 나는 당신의 호주머니 속에 숨겼습니다."

그대가 찾고 있는 다이아몬드는 너무나 가까이, 호흡보다 더 가까이 있습니다. 그러나 그대는 붓다의 주머니를 뒤집니다. 마음의 호주머니에 들어 있는 것들을 남김없이 비우십시오. 거리도 없고 해야 할 일도 없는 곳을 뒤지십시오. 그대에게는 너무나 쉬운 일입니다.

그대가 잃을 수 있는 것은 그대의 호주머니에 있는 것뿐입니다. 그대가 잃을 수 있는 것은 그대가 얻은 것뿐입니다. 호주머니가 비어 있다면, 무엇을 잃을 수 있겠습니까? 그때는 아무것도 두려워할 필요가 없습니다. 공을 잃을 수는 없습니다. 빈 호주머니에서 훔칠 수 있는 사람은 아무도 없습니다! 그러므로 그대의 호주머니를 비우십시오. 이것을 자유라고 합니다. 호주머니에 무엇이 들어 있건, 그것을 비우십시오. 그리하면 아무런 두려움이 없습니다. 그대는 자유롭게 걸을 수 있습니다.

명상에 해당하는 산스크리트 낱말은 '디야나'인데, 이 말은 마음을 비운다는 뜻입니다. 마음이 비어 있을 때, 마음속에 어떤 개념도 없을 때, 이것이 디야나입니다. 디야나라는 말이 보디다르마(보리달마)와 함께 중국으로 건너갔을 때, 중국인들은 그것을 '찬'으로 발음했습니다. 빈 마음이라는 뜻입니다. 일본인들은 찬이라는 말을 '젠'으로 발음하였습니다. 뭐라고 부르든 모두 생각이 없는 빈 마음을 뜻합니다. 명상을 할 때 우리는 마음이 어떤 대상에도 걸리지 않도록 마음의 작용을 지켜봅니다.

경찰이 도둑을 쫓아가면 도둑은 달아납니다. 그러면 경찰은 거꾸로 도둑의 발자국을 따라 그의 소굴로, 도둑이 처음 나온 곳으로 찾아갑니다. 이와 마찬가지로 한 생각이 일어나면 그 생각이 나온 길을 거꾸로 추적하여 소굴로 찾아가십시오. 이 소굴이 근원입니다. 이곳이 그대에게서 이 모든 세월을 훔쳐 온 모든 도둑들의 근원입니다. 그대가 그곳으로 들어

가면, 도둑들은 모두 떠날 것입니다.

아무 생각도 남아 있지 않으면 소굴이 텅 빕니다. 이 공이 그대의 성품입니다. 그대는 기쁘게 그곳에 정착할 것입니다. 이제는 걷거나 말할 때, 그대는 이 공으로부터 기능할 것입니다.

이것을 잃으면 어딘가에서 자아가 일어납니다. 그러면 그대는 자기중심적이 되고 자신이 누구인지를 알아차리지 못합니다. "내 이름은 무엇이다."라는 생각만으로도 이 상태로 다시 추락하기에 충분합니다.

제7장

# 수행과 명상

나는 '명상'이라는 용어가 산스크리트 '디야나'를 적절히 옮긴 말이라고 보지 않습니다. 디야나는 붓다가 사용한 언어인 팔리어 '다나'로 중국에 전해졌는데, 중국인들은 그것을 '찬'이라고 했고 일본에서는 '젠'이라고 불렀습니다. 명상을 한다고 하면서 관찰자와 관찰의 대상으로 수행하는 사람들은 실제로는 '집중'을, 산스크리트로는 '다라나'를 하고 있는 셈입니다.

'다라나'는 1초에도 수없이 대상에서 대상으로 떠돌아다니는 성향을 가진 마음을 하나의 대상으로 되돌리는 데 좋습니다. 집중을 통하여 마음을 하나의 대상으로 데려오는 것은 좋을 수 있습니다. 그런데 이것은 개의 꼬리를 붙잡고 있는 격입니다. 붙잡고 있는 동안에는 꼬리가 곧다가, 놓으면 다시 구부러집니다. (모두 웃음) 꼬리의 성질은 곧지 않습니다.

'디야나'는 마음속에 아무런 주체도 객체도 없는 것을 뜻합니다. 나머지는 모두 일종의 집중입니다. 집중은 수행해야 합니다. 그러나 아무리 집중을 해도 마음은 결코 소멸되지 않을 것입니다. 집중을 하는 동안에는 마음이 얼마간 고요할 수 있겠지만, 마음이 마음을 소멸시키지는 않을 것입니다. 마음은 소멸되지 않을 것입니다.

그러므로 문제는 집중으로 마음을 고요하게 할 것인가, 아니면 마음을 영원히 소멸시킬 것인가 입니다. 후자는 자유를 위해 절대적으로 필요합니다. 마음이 없을 때, 자유가 있습니다! 세상 어디에서나 집중을 수행하고 있지만, 그런 수행으로 어떤 결과들이 있는지 모르겠습니다. 호흡이든 몸이든 어떤 대상에 집중하려면 노력을 해야 합니다. 관찰자와 관찰되는 대상 사이에는 노력이 필요합니다. 그러나 노력이 없을 때, 마음이 작용하지 않으며 고요하고 평화로운 본연의 상태로 돌아갈 때, 이것이 자유입니다.

그렇게 하려면 어떻게 해야 합니까? 여러 가지 방법이 있습니다. 실상 자유를 얻는 데는 어떤 노력도 방법도 필요가 없습니다. 남들이 걸어간 익숙한 길을 밟지 마십시오. 그대는 그대 자신의 진정한 성품을, 그대가 누구인지를 발견해야만 합니다. 다른 것을 알려고 하거나 어떤 방법을, 심지어 고대 성자들이 처방한 방법까지도 따르려 하지 마십시오. 모두 잊으십시오. 고요히 앉아서 마음도 지성도 움직이지 마십시오. 그리고 관찰자를 관찰하십시오. 이것이 그대의 진정한 성품입니다. 다른 모든 것이 그곳에서 나옵니다. 그것이 그대의 성품입니다. 잊지 마십시오.

먼 미래에 무엇인가를 이루기 위해 노력을 하거나 어떤 방법을 사용한다면, 그대는 시간 속으로 들어가게 될 것입니다. 시간은 마음입니다. 따라서 이것은 마음의 유희에 지나지 않을 것입니다. 그대의 본디 성품은 텅 비어 있습니다.

마음속에서 일어나는 생각을 추적해 보면 그것이 텅 빔으로부터, 그것의 근원으로부터 일어난다는 것을 알게 될 것입니다. 그대가 알아차리고 있다면, 또 "나는 근원 자체이다."임을 안다면 어느 것도 수행할 필요가 없습니다. 어디에 갈 필요도 없습니다. 그대는 자신이 늘 그것이었음을 알게 될 것입니다. 이것을 자유라 합니다. 이 자유는 먼 미래에 이루거나 얻을 수 있는 것이 아닙니다. 자유는 이미 여기에 있습니다. 질문이 있습니까?

설령 그것이 자신의 성품임을 알아차린다 해도, 시간이라는 개념이나 두려움이 일어나면 걸림돌이 됩니다.

이것은 공을 직면하는 데 대한 두려움입니다. 왜냐하면 그대는 수많은 개념과 사물 속에서 살아가고 있기 때문입니다. 공을 정면으로 대할 때, 그대는 모든 것을 잃습니다. 그대가 실재한다고 믿었던 과거, 현재, 미래라는 모든 개념을 잃습니다. "이것이 나의 삶이다." 그대는 지금도 그렇게 믿고 있습니까? 이것은 그대의 상상에서 나온 힘입니다. 이것은 그대가 개념들과 함께 살고 있다는 느낌입니다. 그것들이 떠날 때, 그대는 두려움을 느낍니다. 감로의 바다에 빠져 죽을 것이라는 두려움. 감로에 빠져 죽을 것이라는 두려움. 감로의 뜻이 무엇입니까? 영원입니다. 죽음 없음입니다.

우리는 안전해지기 위해 무엇인가를 꽉 붙들고 있습니다. 우리는 안전해지기 위해 몸, 마음, 감각을 붙잡고 있습니다. 이것들을 놓아버려야 진정한 평화를 얻는다는 것을 깨닫지 못하고 있습니다. 깨어 있는 상태에서 잠자는 상태로 넘어갈 때, 우리는 깨어 있을 때 갖고 있던 것을 모두 잃습니다. 잠자고 있는 동안 우리는 모든 관계와 소유물을 잃습니다. 그것들을 놓아주어야 합니다. 잠자는 상태로 떨어질 때, 우리는 아무것도 두려워하지 않습니다. 우리는 잠을 즐기며 잠을 환영합니다. 그러나 우리는 이 깨어 있는 상태가 공으로 떨어질까 봐 두려워합니다. 공을 경험해 보지 못했기 때문입니다.

파파지, 스승님께서는 마음과 대상이 같은 것이고 마음이 없으면 대상들이 있을 수 없다고 말씀하셨습니다. 대상들을 바라보라고 하는 수행법은 마음만 강화시키는 것 같습니다.

마음으로 본다면, 그렇습니다.

그러면 마음만 더 강해집니다!

마치 개의 꼬리를 붙잡고 있는 것과 같습니다.

그런 수행법이 무슨 가치가 있겠습니까?

하나의 가치는 있습니다. 그대에게 이 질문이 일어나도록 하는 것만으로 충분한 가치가 있습니다. 만약 꼬리를 잡아 곧게 펴 보지 않는다면, 그것이 굽은 성질로 되돌아간다는 것을 어떻게 알겠습니까? 그대가 지금까지 해 온 모든 수행을 통해 배운 교훈이 이것입니다. 모든 경전들은 이것이 가르침이라고 말합니다. "우리를 버려라!" 해설서들조차도 "'나'를 버려라!"고 말합니다. 그대는 수행을 통해서 이것을 배웠습니다. 그러지 않았다면 그대의 개념들을 버리지 않을 것입니다.

계속 수행을 하면 지칠 대로 지칠 것입니다. 너무 지치면 모두 다 내던져 버립니다. 그 순간 그대는 자유로워집니다. 모든 것을 다 버리는 것이 자유입니다. 그대가 하는 모든 일이 "'나'를 버려라."고 권하고 있습니다. 욕망을 버리는 것이 자유입니다. 마음의 기능으로부터의 자유.

마음의 기능은 욕망입니다. 그러니 욕망을 버리십시오. 삼사라에 대한 욕망을 버리십시오. 천국을, 다른 세계들을 즐기려는 욕망을 버리십시오. 그것을 버리십시오. 천국과 삼사라의 창조자를 버리십시오. 그 또한 버려야 합니다. 그 뒤에는 이 버림까지도 버리십시오. 그러면 이것이 자유입니다.

그대가 해야 할 일은 오직 욕망을 버리는 것뿐입니다. 배우기 위해 학교에 들어갑니다. 그러나 언젠가는 모든 학생이 학교를 떠납니다. 늘 그곳에 있고 싶지는 않기 때문입니다. 학위를 얻은 뒤에는, 교수들이 아무리 좋아도, 거기에 계속 앉아 있기를 원치 않습니다. 그대는 떠나기 위해 그곳에 들어갔습니다. 그대가 하는 모든 일은 "우리를 버려라."고 권하고 있습니다. 버리면 몸까지 행복해질 것입니다. 그대가 하는 일들은 모두 집으로 돌아가는 일입니다. 그곳은 더없이 안전합니다.

마음이 없으면 형상도 없습니다. 모든 사물, 모든 시간, 모든 호흡조차도 평화를 찾고 평화롭기를 원합니다. 심지어 각각의 들숨까지도 잠시 휴식이 필요합니다. 그것은 내쉬기 전 잠시 틈을 이용하여 휴식을 취합니다. 아무도 일하기를 원치 않습니다. 호흡조차도 일하기를 원치 않습니다. 호흡은 다시 숨쉬기 전에 잠시 공으로 들어갑니다.

우리는 무엇을 하든 공을 접촉해야만 합니다. 이 공의 순간이 없이는 아무것도 할 수 없습니다. 그런데 우리가 이 순간을 무시하는 까닭은 너무나 쉽게 이것을 얻을 수 있기 때문입니다. 그대는 아무것도 할 필요가 없습니다.

그것은 생각과 생각 사이에도 일어납니다. 이때 마음은 휴식을 취합니다. 동시에 두 생각이 일어날 수는 없습니다. 생각이 일어납니다. 멈춥니다. 다음 생각이 일어납니다.

그대는 바깥에서 구하는 것들로 늘 둘러싸여 있습니다. 그대는 그것의 안에 있습니다. 바깥에도 있습니다. 그것은 같은 것입니다. 조금만 주의를 기울이면 됩니다.

깨달음에 관해 오랫동안 계속된 논쟁이 있습니다. 한 견해는 계속 수행하여 점진적으로, 가능하면 가까운 미래에, 깨달음에 이르고자 하는 상대적 접근법입니다. 다른 견해는 수행이 초점을 흩뜨려 즉시 깨칠 수 있는 본질을 놓치게 한다고 말합니다. 상대적 접근법에 대하여 말씀해 주시겠습니까?

어떤 전통이든 전통을 통해 본질에 이를 수 있다고는 생각하지 않습니다.

전통적인 형식들이 본질을 흐리게 한다는 말씀이십니까?

전통적인 방식대로 살면서 삼사라에서 자유로워진 사람이 있다고는 생각하지 않습니다. 붓다의 경우를 예로 들어봅시다. 그는 모든 전통을 버렸습니다. 그는 모든 전통을 시도해 보았지만 그것들을 통해서는 원하는 것을 얻을 수 없음을 알았습니다. 그는 온갖 노력을 다 해 보았지만 본질에는, 깨달음에는 이를 수 없었다고 말합니다. 그는 나무 아래에 앉아서 스스로 성품을 발견하였습니다. 모든 전통적인 다르마들을 버리십시오. 그리하면 그대는 진정한 다르마에 이를 것입니다.

통찰 명상에 대해 말씀해 주시겠습니까?

관찰자는 무엇인가를, 이를테면 호흡과 같은 대상을 관찰해야 합니다. 그는 마음을 통해서 관찰합니다. 그러므로 관찰을 통해 얻는 것은 마음에 속할 뿐입니다. 누가 관찰자입니까? 관찰자는 붙잡히지 않았습니다. 그저 관찰된 것, 감각 기관의 대상들만 붙잡히고 있을 뿐입니다.

통찰 명상의 특징 가운데 하나는 관찰되는 대상이 무상하고 불만족스러우며 자아가 아니라는 점을 깨닫는 것입니다. 붙잡을 만한 것은 아무것도 없다는 점을 깨닫는 것입니다. 대상들을 직접 관찰함으로써 내면에서 진정한 변화를 체험하며, 그리하여 평화롭고 명쾌해지고 만족하게 됩니다.

거기에는 바깥에 있는 것으로 보이는 대상을 통한 내면에 대한 집착이 아직 남아 있다고 나는 생각합니다. 안과 바깥을 나누는 이 벽을 없애십시오. 이를테면 니르바나는 안에 있고 삼사라는 바깥에 있다는, 공은 안에 있고 형상은 바깥에 있다고 하는 나눔. 만약 그대가 공을 찾고 있다면, 그대는 공의 바깥 어디엔가 있다는 얘기입니다. 그대는 그렇게 자신과 알지 못하는 어떤 것 사이에 벽을 만듭니다. 이 벽만 없앤다면 어떤 명상도 할 필요가 없습니다.

통찰 명상에서는 마음의 대상을 네 가지로 봅니다. 몸, 느낌, 생각, 그리고 감각 세계의 대상들이 그것입니다. 그런데 스승님께서도 지적하시듯이, 이 모든 것의 바깥에 서 있을 관찰자에 대한 탐구는 없습니다. 이 지점에서는 어디로 가야 합니까?

이 몸은 누구에게 속하는 것입니까? 느낌은 누구에게 속하는 것입니까? 생각들은 누구에게 속하는 것입니까? 대상들은 누구에게 속하는 것입니까? 몸은 땅, 물, 불, 공기에 지나지 않기에 깨달을 수 있는 여지가 없습니다. 자유에 이르기 위해 우리는 몸을 버립니다. 느낌, 생각, 대상도 버립니다. 이 모든 것을 버리고 나면 무슨 일이 일어날까요? 누가 이 모든 것을 버릴 수 있습니까? 진정한 나는 몸도, 느낌도, 생각도, 대상도 아닙니다. 이 모든 것은 나로 인해 존재합니다. 그대는 모든 것을 버릴 수 있습니다. 그러나 나를 버릴 수 있습니까?

버린다는 것은 무슨 뜻입니까?

깨어 있는 상태에서는 우리가 몸, 느낌, 생각, 대상과 함께 있다는 것을 다들 인정합니다. 수면 상태로 나아가 봅시다. 잠들기 직전에 그대는 무엇을 합니까? 이 모든 것을 보고 있습니까? 이 모든 것을 버리고 잠들기 위해 그대는 무엇을 합니까?

아무것도 하지 않습니다.

모든 것을 버리지 않으면 잠들 수 없습니다. 그대는 어떻게 잠듭니까?

사람들은 잠에 떨어지기를 좋아합니다.

그렇겠지요. 그러나 그대는 이 모든 것을 버려야 합니다. 심지어 옆에서 자고 있는 아내마저도. 아내를 사랑하지만 그래도 버려야 합니다. 그대는 왜 세상의 이 모든 아름다운 것들을, 이 모든 삼사라를 버리는 것입니까?

필요 없기 때문입니다.

그렇습니다. 설령 그것들이 꼭 필요한 것이라 해도, 그대가 잠을 잘 때 무슨 일이 일어나던가요? 낮보다는 깊은 잠을 잘 때 더 행복하지 않던가요?

잠이 든다는 것은 곧 깨어 있는 상태의 것들을 모두 버린다는 것이군요.

우리는 그 점에 동의할 수 있습니다. 그 뒤 그대는 수면 상태로, 그대가 알지 못하는 그 상태로 들어갑니다. 잠자는 동안 거기에 무엇이 있습니까? 누가 깨어있습니까? 깊이 잠들어 있을 때 그대는 행복합니까, 불행합니까?

매우 만족합니다.

그대는 매우 만족한다고 말합니다. (웃음) 우리는 슈퍼마켓에서 많은 물건들을 구입합니다. 거기에 만족하면 다른 슈퍼마켓으로 갑니까, 아니면 집으로 돌아옵니까?

집으로 돌아옵니다.

시장은 몸, 느낌, 생각, 그리고 대상들입니다. 이 모든 것들이 진정한 만족을 준다면, 우리는 잠을 자고 싶지 않을 것입니다. 그러나 잠에는 더 귀중한 무엇인가가 있습니다. 이 때문에 우리는 잠들고 싶어 하는 것입니다. 잠들어 있을 때는 우리가 지금 얘기하고 있는 것들을 전혀 경험하지 않습니다. 잠들어 있을 때 누가 깨어있습니까?

아무도 없습니다.

무엇인가가 깨어 있었습니다. 왜냐하면 다음 날 아침 그대는 "잠자는 동안 나는 아무것도 생각하지 않았습니다. 매우 행복했다."라고 말하기 때문입니다. 자, 잠자고 있는 동안 누가 이 행복을 경험합니까?

모르겠습니다.

(웃음) 훌륭합니다. 훌륭해.

대상들이 서서히 사라지고……

대상들은 사라질 수 없습니다.

인정합니다. 말하자면 그렇다는 것이지 실제로 그렇다는 뜻은 아닙니다. 저는 드넓은 잠의 가장자리 너머로 갈 수 없습니다.

우리 여기에서 시작해 봅시다. 이 깨어 있는 상태는 삼사라입니다. 이제 몸, 느낌, 생각, 대상들이 끝난다고 합시다. 이것들은 끝나지만 깊은 수면은 아직 시작되지 않았습니다.

이때가 순수한 목격, 순수한 삭쉬(sakshi)입니다. 수행자들은 이 지점에서 붙들립니다.

여기에서 집착이 일어납니다. 그 너머는 알려지지 않았으며, 그 너머는 비어 있습니다. 알려진 것은 버려졌지만, 그 너머는 보이지 않습니다. 그 너머(이것에 이름을 붙이지 말자)와 깨어 있는 상태의 것들 사이에서, 이 순간 그대는 무엇을 봅니까?

'나'와의 동일시가 있는데, 그것은 한결같고 불변하는 것으로 보입니다.

이 '나'와 '나'를 따르는 모든 것이 끝납니다. 그러나 그 너머의 어떤 것은 아직 시작되지 않았습니다. 이제는 되돌아갈 수 없습니다. 이 순간은 알려진 것과 알려지지 않은 것 사이의 틈입니다.

'나'라고 불리는 알려진 것과 알려지지 않은 것을 생각이 구분하는 것 같습니다. 알려지지 않은 것을 맛보려면, 공을 맛보려면 알려진 것을 버려야 한다는 생각. 그래서 수행자는 이 '나'를 끝내기 위해 계속 수행을 합니다.

다른 무엇을 마주 대할 때 이 '나'는 새색시처럼 부끄러워할 것입니다. 이 지점까지 온다면 그대는 행복할 것입니다. 이 지점에 대해 언어로 표현하기는 쉽지 않습니다. 지금 앞에 있는 것은 '나'가 몸, 느낌, 그 밖의 무엇으로도 경험해 보지 못한 것입니다. '나'는 이 모든 것들에 지쳐있습니다. 그래서 이 '나'는 그냥 사라질 것입니다.

이 결정적인 지점에 스스로 소멸될 만한 겸손, 믿음이 있습니까?

그것은 이름이 없는 무엇인가를 껴안을 것입니다. 그것이 주체도 객체도 없는 감로 속으로 뛰어듬입니다.

그러면 스승님의 말씀은 모든 수행, 명상, 전통, 또 모든'됨'(becoming)의 과정들을 버리고 가야만 가장자리에 이를 수 있다는 뜻입니까?

모든 수행을 포기하면 무슨 일이 일어날까요? 모든 다르마들을 내려놓으면 그대는 완전히 벌거벗게 됩니다. 벌거숭이가 되면 그대는 바다 속으로 뛰어들어 다시는 되돌아오지 않을 것입니다.

바다로 뛰어들기를 소망하며 진지하게 전력투구하는 사람들은 가장자리로 옵니다. 하지만 거기에서 사람들은 생각합니다. "만약 나의 수행을, 나의 방법을 버린다면 다시 길을 잃을지도 모른다."

그래, 두려움이 일어납니다. 스스로 뛰어들지 못하는 사람은 누군가가 뒤에서 밀어주어야 합니다.

스승님은 밀어 주는 분입니까?

어떤 사람은 밀어 줄 필요가 있습니다. 앞으로 가지 못하고 머뭇거리면 누군가가 그 사람을 밀어 주어야 합니다. 그런데 이제 어떤 사람이 밀어 주는 전통을 만듭니다. 그러면 신의 아들이 필요하게 되고 하나의 종교가 시작됩니다. 진실을 말하자면, 밀어 줄 필요가 없습니다.

왜 그런가요?

그대는 끄트머리에 있지도 않고, 다른 어디에서 출발하지도 않습니다. 끝으로 가느니 가장자리로 가느니 하는 말은 개념일 뿐입니다. 어디에서 출발하여 어디로 가고 있으며 이 지점에서는 누군가가 밀어 주어야 한다는 생각은 마음의 개념에 지나지 않습니다. 그대는 무엇인가를 시작한 적도 없고 끝낸 적도 없으며, 누군가에게 떠밀릴 필요도 없었습니다.

그러면 우리는 어떤 결정적인 지점에 이르지도 않고 어디에서 오지도 않습니까?

삼사라도 없고, 니르바나도 없습니다.

그렇다면 마음이 만들어 낸 것들은 모두, 이를테면 가장자리에 있다고 하는 것은 순전히 꾸며 낸 이야기로군요.

그래서 그것을 마음이라 부릅니다. (웃음) 마음이 제안을 합니다. "나는 삼사라에서 자유롭고 싶다." 그러면 수행이 시작되고, 방법이 시작되고, 다르마들이 시작됩니다. 삼사라에서 니르바나로 나아간다는 것도 하나의 개념입니다. 니르바나도 하나의 개념이며, 삼사라와 마찬가지로 또 하나의 함정입니다. 그러나 우리가 그것을 함정이라고 부르면, 이 또한 함정입니다. 그 뒤 우리는 이 함정에서 빠져나오기를 원합니다. 우리는 어떤 특별한 자발적 지식으로 알게 됩니다. 그때는 누군가가 밀어 줄 필요가 없습니다. 그대는 어디로 뛰어들지도 않습니다. 왜냐하면 갈 곳도 없고 나온 곳도 없기 때문입니다.

정말 놀랍군요! 그 뒤 상대적인 세계로 되돌아올 수 있을까요?

그렇습니다. 버려야 할 것도 없고 받아들여야 할 것도 없기 때문입니다. 그대는 원하는 대로 무엇이든 받아들일 수도 있고 무엇이든 버릴 수도 있습니다.

저는 명상을 가르치는 사람인데, 여러 달 동안 앉지 않아서 걱정이 됩니다.

앉지 않아서 잃은 것이 무엇입니까?

아무것도 없습니다.

앉고, 서고, 달리는 것…… 이것들로 인해 달라질 것은 아무것도 없습니다. 앉는 것은 명상과 상관이 없습니다. 다리가 없는 사람은 늘 앉아 있습니다. 그들은 명상을 하고 있는 것이 아닙니다. "명상을 한다."고 말하면서 마음이 감각 대상들에게로 달려가는 사람은 명상을 하고 있지 않는 것입니다.

물고기를 잡으려는 두루미들은 고요하며 집중하고 있습니다. 또 외발로 서 있습니다. 이 얼마나 훌륭한 사다나(sadhana)입니까? 잠자는 동안의 거기에 무엇이 있습니까? 그러나 그들은 물고기를 찾고 있습니다. 그러므로 명상은 마음에 달려있습니다. 마음은 앉아 있거나, 서 있거나, 잠자고 있는 동안에도 그대를 괴롭힐 것입니다. 마음은 그대를 괴롭힐 것입니다. 그대는 코브라가 오고 있지 않나, 호랑이가 오고 있지 않나 걱정할 것입니다. 마음은 그대에게 두려움을 불러일으킬 것입니다. 마음은 골칫거리입니다. 낮이고 밤이고 쉬지 않습니다. 심지어 밤에도 마음은 대부분의 시간 동안 꿈을 꿉니다. 마음이 진정으로 쉬는 시간은 매우 짧습니다.

수행이나 요가를 통해 이르는 사마디 역시 또 하나의 상태에 불과합니다. 어느 날 어느 요기(yogi)가 왕을 찾아왔습니다. 그는 왕에게 자신은 40일 동안 사마디에 들 수 있다고 장담했습니다. 그는 40일 동안 먹거나 말하지 않는 것은 물론 숨조차 쉬지 않을 것이었습니다. 왕이 말했습니다. "그대가 그렇게 한다면, 나는 그대에게 말 한 필을 주겠다." 요기가 원한 것은 바로 이것이었습니다. 그래서 그는 사마디에 들었습니다.

이윽고 40일이 지났지만 그는 사마디에서 나오지 않았습니다. 여러 해가 지나도 그 요기는 계속 깊은 사마디에 잠겨 있었습니다. 마침내 왕이 죽고 말도 죽었습니다. 요기는 여전히 사마디에 잠겨 있었습니다. 왕의 아들이 왕위를 물려받은 뒤에도 몇 년이 더 흘렀습니다. 그러던 어느 날 드디어 요기는 눈을 떴습니다. 그는 주위를 둘러보며 말했습니다. "말을 주십시오." 이런 것은 마음에 불과합니다.

스무 해쯤 전 내 나이 예순이었을 때, 연세가 여든인 스와미가 나를 만나러 와서 말했습니다. "나는 요기입니다. 전에 사마디 상태로 40일 동안 땅 속에 있기도 했습니다. 게다가 여기에 이틀밖에 머물 수 없으니, 제발 요가에 대해서는 얘기하지 마십시오. 모든 경전과 기타도 배웠습니다. 그러니 이것들에 대한 이야기도 할 필요가 없습니다."

내가 대답했습니다. "물론입니다. 저는 당신이 언급하지 않은 것에 대해 얘기할 것입니다. 그러나 당신이 여전히 들고 있는 짐들, 이 방으로 가져온 것들은 어떻게 할까요? 모두 들고 나가 바깥에 놓아두실 수 있겠습니까? 그러고 나서 다시 오면 얘기하지요. 당신이 평생 들고 다닌 이 쓰레기들은 손끝 하나 건드리지 않겠습니다."

스와미는 이해하지 못했습니다.

내가 다시 말했습니다. "스와미지, 당신을 도와 드리겠습니다. 당신은 방금 얘기한 이 모든 쓰레기들을 들고 있습니다. 그것들을 들고 나가서 바깥에 놓아두도록 도와드리겠습니다. 그 뒤에 빈손으로 다시 들어오면 다른 것에 대해 얘기하겠습니다."

나는 그를 바깥으로 내보냈습니다. 그는 바깥에서 5분쯤 서 있었습니다. 그 뒤에 방으로 들어오더니 엎드려 내 발에 손을 대려 하였습니다. 나는 그렇게 하지 못하도록 말렸습니다.

"아닙니다, 스와미지." 나는 이유를 설명했습니다. "그렇게 하면 안 되는 세 가지 이유가 있습니다. 첫째, 저는 가정을 가지고 있지만 당신은 승려입니다. 따라서 제가 당신의 발을 만져야 합니다. 둘째, 당신은 학식이 높지만 저는 산스크리트를 읽는 법조차 모릅니다. 셋째, 당신은 저보다 나이가 스무 살이나 많습니다."

그는 말했습니다. "지금까지 이 가르침을 준 사람은 아무도 없었습니다. 이렇게 가르치는 사람은 아무도 없었습니다. 나는 정말 행복합니다. 당신은 지금 나를 깨닫게 했습니다. 내일부터는 더 이상 순례를 다니지 않겠습니다. 모두 끝났습니다. 나를 따르는 150명의 제자들이 있습니다. 그들은 떠나도 좋습니다. 그러나 내일, 몇 시에 다시 뵐 수 있겠습니까?"

나는 웃으면서 말했습니다. "그래도 다시 오기를 원하십니까?"

며칠 후 그의 제자들 중 한 사람이 나를 찾아왔습니다. "대체 스와미지에게 무엇을 했습니까? 그분은 모든 것을 다 버렸습니다!"

아무도 이 공을 가르치지 않습니다. 모두들 아쉬람이나 공동체를 운영하고 싶어 합니다. 공을 얘기한다면 더 배워야 할 것이 없습니다. 공은 텅 공입니다. 샌프란시스코에서든 델리에서든. 어디를 가든 그대는 공에 둘러싸여 있습니다. 어디에 있든 고요가 그대를 따를 것입니다.

무슨 수행을 하고 있든지 그 수행이 그대를 떠날 때까지 계속 수행하십시오. 만약 그대가 그 수행을 그만두겠다고 선택한다면 존중하는 마음으로 그렇게 하십시오. 그 수행이 그대를 여기까지 오게 했으므로 마땅히 존중해야 합니다.

어느 날 한 젊은이가 나를 찾아왔습니다. 그때는 내가 갠지스 강가의 리쉬케시에 머물고 있을 때였습니다. 나와 하루를 지낸 후 그는 자신의 호텔 방으로 나를 데리고 갔습니다. 그는 갖고 있던 모든 책을 다 내버렸음을 보여 주었습니다. 그는 지난 14년 동안 책을 보고 배운 대로 수행을 했지만 나를 만난 지 하루 만에 그것들이 아무 가치가 없음을 깨달았다고 말했습니다.

나는 청년에게 책들을 다시 가져와서 존중하는 마음으로 묶어 갠지스 강에 바치자고 말했습니다. 우리는 함께 갠지스 강가로 갔습니다. 그는 자기를 여기까지 데려다 준 데 대해 감사하면서 책들을 갠지스 강에 던졌습니다.

푼자님은 오늘 동물원에서 삿상을 열었습니다. 그리고 어디에서나 달샨을 할 수 있어야 한다고 설명했습니다. 걷거나, 말하거나, 먹거나, 군중 속에 있을 때에도 침묵을 알아차리는 것이 중요하다고 말했습니다.

일상생활은 이 침묵에 영향을 줄 수 없습니다. 삶은 평범한 방식으로 계속되어야 합니다.

다르마의 뜻이 무엇입니까?

다르마(dharma)는 '길'을 뜻합니다. 그것은 개념들과 관계가 있습니다. 그 말의 어원은 '그대가 붙잡고 있는 것'이라는 뜻입니다. 여러 가지 길들이 있고, 여러 가지 다르마, 여러 가지 개념들이 있습니다. 최상의 다르마는 모든 다르마를 버리는 것입니다. 그대가 모든 개념과 모든 길을 버린다면, 이 다르마는 그대를 어떻게든 근원으로 돌아가게 할 것입니다. 그렇지 않으면 길들은 그대를 근원에서 바깥으로 데리고 나올 것입니다. 그러므로 가장 좋은 것은 지고의 다르마입니다. 모든 다르마를 버리는 것입니다!

바사나, 즉 잠재된 혹은 타고난 경향성이란 무엇입니까?

바사나(vasana)는 마음의 잠재된 습관들로서 물려받은 것이며 기억 속에 묻혀 있습니다. 그러다가 특정한 상황이 오면, 그것들은 대상을 붙잡기 위해 올라옵니다. 그 뒤 기억으로 되돌아와 다시 기억 속에 새겨졌다가, 적절한 상황이 주어지면 다시 나타납니다.

깨닫고 나면 그것들의 힘이 파괴됩니다. 왜냐하면 동일시가 파괴되었고 '행위자'라는 개념이 없기 때문입니다. 관점이 바뀌었습니다. 관심이 거기에 없습니다.

이 관점은 매우 견고할 것이며, 상황들에 따라 자연스럽게 반응할 것입니다. 무지한 사람들은 과거를 등에 지고 다니면서 미래를 걱정합니다. 갸니(jnani)는 상황에 따라 행하며 기억 속에 어떤 흔적도 남기지 않습니다.

제8장

# 무엇을 해야 하는가

모든 행위에는 목적이 있습니다. 행위는 개념과 더불어 과거에서 시작되어 미래라는 환영으로 투사됩니다. 행위는 그대가 아직 모르고 있거나 상상할 수 없는 곳으로 그대를 데려갈 수 없습니다. 행위를 일으킨 생각을 근원까지 추적하십시오. 거기에서 그대는 시작한 적이 없는 여행의 끝을 발견할 것입니다. 행위는 이미 그대 자신인 그것에게로 데려갈 수 없습니다. 행위는 그것으로부터 벗어나게 할 뿐, 그것을 향해 가게 하지 않습니다.

깨달음 후에도 여전히 욕망이 있습니까?

깨달음 이전에는 깨달음을 얻겠다는 욕망이 있어야 합니다. 이것은 욕망이라기보다는 나에 끌림입니다. 이 욕망이 일어나기 위해서는 다른 욕망들이 사라져야만 합니다. 보통의 욕망들은 깨달음에 대한 진정한 욕망이 자리할 공간을 만들어 주기 위해 비켜야 합니다.

나를 깨달은 사람은 형상 너머에, 감각들 너머에 존재합니다. 그리하여 보통의 욕망들이 건드리지 못합니다. 깨달음 후에도 욕망들의 관성은 남을 수 있지만, 나를 건드리지는 못합니다.

언젠가 크리슈나는 어느 축제일에 강가에 앉아 있었습니다. 젖 짜는 여인들이 신에게 바칠 물건을 하나씩 들고서 건너편에 있는 사원으로 가기 위해 강으로 왔습니다. 그런데 거기에는 배도 없고 다리도 없었습니다.

크리슈나가 여인들에게 말했습니다. "강에게 말하라. '만일 크리슈나가 어느 여인에게도 키스한 적이 없다면, 강은 갈라져서 길을 내야 한다.' 라고."

여인들은 크리슈나가 하는 말을 믿을 수 없었습니다. 크리슈나에게는 16,000명의 연인이 있는 것으로 알려져 있었습니다. 강이 어찌 갈라질 수 있겠습니까! 크리슈나는 이미 모든 여인들에게 키스를 했습니다. 그래서 그 여인들은 크리슈나의 말을 의심하였습니다. 그러나 그들이 강에게, "만일 크리슈나가 어느 여인에게도 키스한 적이 없다면, 우리를 위하여 갈라져라."고 말하자 강이 갈라지고 마른 길이 났습니다.

이렇게 된 까닭은 나(크리슈나는 나를 상징한다)가 순수하며 시간 밖에 있기 때문입니다. 나는 키스한 적도 없고 키스를 받은 적도 없습니다!

₩

저는 지금 달라이 라마를 뵙고 돌아오는 길입니다. 그분은 세상의 문제들에 대해 얘기한 뒤 각자 바른 행위를 할 필요가 있다고 말씀하셨습니다. 무엇이 올바른 행위입니까?

깨달은 존재에게는 과거나 미래에 대한 생각이 없습니다. 행위의 결실에 대한 생각이 없습니다. 행위는 순간순간 공으로부터 취해집니다. 따라서 결실들은 스스로 돌볼 것입니다.

달라이 라마는 행위를 인도할 길잡이로서 도덕성이 필요한 보통 사람들에게 말하고 있었습니다. 깨달은 존재들은 모든 것이 다 그렇듯 도덕성도 비어 있음을 압니다. 따라서 바른 행위, 바른 말, 그리고 붓다의 팔정도는 공의 결과로 올 수 있지만, 그것들이 공으로 인도하지는 않을 것입니다. 그러므로 진리의 구도자는 오직 공만을 구하여야 합니다. 그러면 모든 것이 뒤따릅니다.

그렇다면 스승님은 무슨 수행을 권하십니까?

어떤 수행도 권하지 않습니다. 예를 들어 보겠습니다. 어느 날 한 도비(dobi)가 강가에서 빨래를 하고 있었는데 사자 한 마리가 물을 마시러 왔습니다. 그러자 수풀 속에 숨어 있던 사냥꾼이 사자에게 총을 쏘아 죽였습니다. 그가 원한 것은 가죽뿐이었습니다. 그는 사자의 가죽을 벗기다가 뱃속에 아기 사자가 있는 것을 보고 끄집어내어 강가에 두고 갔습니다.

도비는 아기 사자를 데려다 돌보았습니다. 아기 사자는 도비가 가는 곳마다 따라다녔습니다. 사자가 충분히 자라자, 도비는 당나귀들에게 그러하듯이 사자의 등에도 빨랫감을 지웠습니다. 사자는 당나귀들과 똑같은 대접을 받으면서 빨랫감을 등에 실어 나르며 자랐습니다.

어느 날 다른 사자 한 마리가 사냥을 나왔다가 풀을 뜯고 있는 당나귀들과 마주쳤습니다. 사자는 자기 눈을 의심했습니다. 당나귀들과 함께 사자 한 마리가 풀을 뜯고 있었습니다.

"어떻게 이럴 수가 있는가?" 사자는 이해할 수가 없었습니다. "당나귀가 풀을 먹는 것은 당연합니다. 그러나 사자가 풀을 뜯어 먹다니!" 그래서 사자는 덤불 뒤에서 뛰쳐나와 당나귀 떼를 향해 다가갔습니다. 모든 당나귀들이 달아나기 시작했습니다. 길들여진 사자도 달아났습니다. 그도 당나귀들처럼 두려워했습니다. 사자는 길들여진 사자를 추격하여 붙잡았습니다. 그는 그 사자를 덮쳐 풀밭으로 넘어뜨렸습니다.

길든 사자는 몹시 두려워하며 살려달라고 사정했습니다. "부탁입니다. 제발 저를 잡아먹지 마세요. 저를 당나귀들에게로 돌아가게 놓아주세요."

"너는 사자다." 올라타고 있던 사자가 말했습니다.

"아닙니다, 선생님, 저는 당나귀입니다."

그러자 사자는 그를 강으로 데리고 갔습니다.

"물에 비친 너의 모습을 보아라." 사자가 말했습니다. "우리는 같다."

길든 사자는 물속을 보았습니다. 거기에는 두 마리의 사자가 있었습니다.

"이제 포효하라." 사자가 말했습니다.

그러자 길든 사자는 포효했습니다!

이렇게 단순합니다. 사자가 되려고 수행하지 마십시오. 포효하십시오!

얼마나 오랫동안 수행을 해야 깨달을 수 있습니까? 얼마나 오랫동안 배워야 합니까?

시간이 걸리지 않습니다! 포효하는 데 얼마나 긴 시간이 걸립니까? 그대의 입을 여십시오. 그러면 끝납니다.

행위가 점점 줄어드는 것 같습니다. 여기에 와서 첫 일주일 동안은 스승님의 현존으로부터 오는 기쁨과 사랑으로 충만했습니다. 그 뒤에 그것은 행위가, 다시 붙잡으려는 노력이 되었습니다. 이제 저는 뭔가를 행하고 있으면, 이를테면 호흡을 주시하거나 똑바로 앉으려 하면 그것을 알아차립니다. 제가 알아차리면 그 행위가 그치고, 저는 지금 여기에 있게 됩니다.

무엇을 행한다거나 행하지 않는다는 생각, 둘 다 장애입니다. 이 장애들을 버리십시오! 그것은 어렵지 않습니다. 그것은 그대의 성품입니다.

만약 그대가 어떤 행위도 하지 않고 또 어떤 행위를 한다는 생각까지 버린다면, 그대는 어디로 돌아갑니까?

바로 여기입니다.

그러므로 바로 여기, 지금 이 순간에 머무르십시오. 무슨 행위 혹은 무위가 필요하겠습니까?

그럴 수도 있고 그렇지 않을 수도 있습니다. 행위와 무위 둘 다 필요하다고도 볼 수 있고, 둘 다 필요 없다고도 볼 수 있습니다. (푼자님이 웃는다) 어릴 때 하는 조각 맞추기 놀이와 같습니다. 어디로 방향을 잡든 함정이 있습니다.

그것은 누구의 함정입니까? 누가 이 함정을 만들었습니까? "나는 무엇을 하고 싶다."라는 생각은 함정입니다. "나는 아무것도 하고 싶지 않다."라는 생각은 또 다른 함정입니다. 이것은 그대의 상상일 뿐입니다. 나에게 이 함정을 보여 줄 수 있습니까?

아마 함정에 빠진 행위자의 생각인 것 같습니다.

그렇습니다. 행위자는 안에서 함정에 빠졌습니다. 끝내세요! 그러면 그대는 자유로워집니다.

대다수 사람들의 경우, 자유롭고 싶다는 생각이 일어나면 즉시 "자유로워지려면 어떻게 해야 하지?"라는 생각이 일어납니다. 그러면 그들은 그들의 식이요법, 행동, 수행법을 바라봅니다. 이 모든 함정들을……. 그리고 어떤 식이요법이나 방법 혹은 수행법으로 달려갑니다.

자유롭고자 하는 욕망이 일어나면, 여행을 떠나기 전 몇 초라도 시간을 내십시오. 이 시간 동안에 그대가 어디로 가려고 하는지를 생각해 보십시오. 만약 그대가 '지금 여기'로부터 가고 있다면, 그대는 어디로 가려 합니까?

이런 이야기가 있습니다. 어느 산악 등정대가 에베레스트 산을 오르고 있었습니다. 그들은 정상 아래에 캠프를 쳤습니다. 다른 팀이 정상에서 하산하다가 그곳에 캠프를 친 그들을 보았습니다. "왜 이곳에 캠프를 치고 있습니까?" 그들은 그 이유가 궁금했습니다.

"지도가 오기를 기다리고 있습니다." 그들이 대답했습니다. "베이스캠프에 지도를 두고 왔습니다. 그래서 셰르파를 보내 가져오라고 했고, 이곳에서 그를 기다리고 있습니다."

"하지만 여기부터는 지도가 필요 없습니다!" 하산하던 팀이 말했습니다. "눈사태도 없고, 아무런 문제도 없습니다. 곧장 정상으로 올라가십시오! 지도는 필요 없습니다."

그러므로 그대의 모든 지도와 짐을 내려놓으십시오. 여기로부터 정상으로 곧장 나아가십시오.

스승님은 아무것도 하지 말라고 하십니다. 하지만 어떤 행위들은 나와 더 조화로운 것 같고, 어떤 행위들은 마음에서 나오는 것 같습니다. 그렇다면 올바른 행위를 하는 것이 중요하지 않겠습니까?

자연히 일어나는 행위는 지성이나 마음, 혹은 감각들로 조작할 필요가 없습니다. 자연히 일어나는 행위는 더 높은 힘에 의해 일어날 것입니다. 그러므로 그대가 관여할 바가 아닙니다! 관심을 갖게 되면 행위자라는 의식이 있게 되고, 그러면 카르마(karma)와 세상이 나타난다. 행위자가 되면, "내가 하고 있다."고 생각하면 그대가 책임을 져야 합니다. 그러나 이 행위자 의식이 어디에서 일어나는지 발견하기 위해 돌아오면, 행위는 그대를 떠날 것입니다. 그러면 예기치 못한, 형언할 수 없는 어떤 활동이 그대를 떠맡을 것입니다. 설명할 수 없는 지식이 그대를 떠맡을 것입니다. 들어보지 못한 지고의 활동이 그대를 떠맡을 것입니다. 그것은 스스로 일어나는 자발적인 행위입니다. 그것은 그대의 일이 아닙니다.

오는 것은 받아들이십시오. 가는 것은 버리십시오. 진정한 포기는 받아들임도 버림도 아입니다.

옛날에 한 사두(sadhu)가 장을 보러 시장에 갔습니다. 그 사이에 그의 오두막에 불이 붙었습니다. 이웃 사람들이 오두막에서 몇 가지 가재도구들을 끄집어낸 뒤 양동이로 강물을 길어다가 불타는 오두막에 부었습니다.

이윽고 시장에서 돌아온 사두는 사람들이 불타는 오두막에 물을 붓는 모습을 보았습니다. 그는 이웃 사람들이 끄집어낸 가재도구들을 다시 불속으로 집어던졌습니다. 이웃 사람들은 믿을 수 없다는 눈길로 그를 쳐다보았습니다.

그 뒤 비가 오기 시작했습니다. 비가 내려 불이 꺼지기 시작하자 이웃 사람들은 물 긷기를 중단했습니다. 그런데 이때 사두는 양동이로 물을 길어와 오두막에 붓기 시작했습니다.

이웃 사람들은 자기 눈을 의심했습니다. 그들은 사두에게 도대체 지금 뭘 하는 거냐고 물었습니다. 그는 대답했습니다. "불이 오면, 나는 불을 환영하며 불을 돕는다네. 비가 오면, 나는 비를 환영하며 비를 돕는다네."

공에서 생각이 일어날 때는 그 생각을, 혹은 그 생각이 붙들고 있는 개념을 버려야 합니까?

그 생각이 공에서 일어나는 것을 알아차린다면, 그 생각은 분명 비어 있을 것입니다.

그것은 마치 바다에서 일어나는 파도처럼 느껴집니다.

만약 그것이 바다라면, 바다는 파도들에 개의치 않습니다. 바다가 있다면 반드시 파도들이 있을 것입니다. 이 파도들은 삼사라입니다. 바다는 니르바나입니다. 모든 것들이 춤추고 있습니다.

어떤 차이도 없습니다. 버려야 할 것이 아무것도 없습니다. 어떻게 그대가 삼사라를 버릴 수 있겠습니까? 그대가 어디로 가겠습니까? 이것이 바로 니르바나다. 니르바나를 얻으려면 삼사라를 버리고 다른 곳으로 가야 한다는, 승려가 되어야 한다는, 옷 색깔을 바꾸어야 한다는 등의 이원적 개념을 버리십시오.

그 대신에 그대의 마음에 물들여 놓은 모든 색깔들을 지우십시오. 마음이 입고 있는 모든 옷들을 벗으십시오. 그대가 할 일은 이것이 전부입니다. 마음이 승려가 되어야 합니다. 몸이나 옷에 대해서는 신경 쓰지 마십시오.

마음은 생각들입니다. 마음은 자아입니다. 같은 것입니다. 이름과 형상이 있는 곳마다 자아가 있습니다.

₩

나는 나의 마음이 샌프란시스코로 가더라도 불평하지 않을 것입니다. 샌프란시스코는 나 안에 있기 때문입니다. 모든 사고 과정이 나 안에 있습니다.

그대의 모든 행위들, 생각을 하든 안 하든 그대가 하는 모든 일은 나에서 일어납니다. 아무런 문제가 없습니다. 문제는 자아가 "내가 하겠다."와 "내가 그 일을 했다."라는 짐을 떠맡을 때 생깁니다. 만약 그대가 "나의 나가 했다. 나는 나로서 그 일을 했다."라고 말하면 아무런 문제도 없을 것입니다. 또한 그대는 무슨 일을 하든, 일상생활을 할 때조차 200% 더 효율적이 될 것입니다.

생각들이 나 안에서 일어나고 있음을 봅니다. 캘리포니아, 샌프란시스코…… 이런 생각들이 나 안에서 일어납니다.

그렇습니다. 나 안에서 일어납니다. 그것을 알면 생각은 문제가 되지 않습니다. 그렇지 않습니까? 파도들이 바다 안에서 일어날 때, 그것이 바다에게 문제가 됩니까?

그래서 제가 오직 생각해야 할 것은……

아닙니다. 조금도 생각하지 말아야 합니다.

그러면 생각들은 바다 안에 있는 파도들이고, 따라서 우리는 바다 안에 머물러 있어야 한다는 말씀인 것 같습니다.

아닙니다, 아닙니다! 그대는 그것입니다! 왜 그대가 머물러 있어야 합니까? 그대는 바로 그것입니다!

예. 저는 바다 속에 자리 잡아야 합니다.

아닙니다! 자리 잡는 것도 아닙니다. 그대가 다른 존재라면 자리 잡아야 합니다. 그대는 나입니다. 지금 그대는 보일 박사입니다. 그대는 보일 박사라는 데에 자리를 잡아야 합니까?

알겠습니다. 저는 나입니다(I am the Self).

참존재는 나입니다(I AM is the Self).

참존재가 나임을 알겠습니다. 그리고 제 안에서, 나 안에서 일어나는 생각들은 바다 안에 있는 파도들과 같습니다. 그 이상도 아니고 다르지도 않습니다. 파도들과 같은 생각들이 바다로 들어가 합쳐집니다. 그것들은 나왔다가 다시 합쳐집니다. 이 모든 생각들은 나왔다가 내 안으로 합쳐질 것입니다.

바다는 불평하지 않을 것입니다. 바다는 "왜 그들이 나를 떠나고 있지?"라고 묻지 않을 것입니다.

저는 고요합니다. 저는 늘 고요합니다.

그래요, 매우 훌륭합니다. 문제는 오직, "나는 다른 존재다. 나는 바다가 아니다. 내 이름이 다르고, 내 형상이 다르고, 나의 움직임이 다르다."고 생각하는 파도에게만 있습니다.

그러면 파도들, 자아에서 나온 그것들을 자신과 다르다고 생각합니까?

이 이름들과 형상들 자체가 자아입니다. 어디든 이름들과 형상들이 있는 곳마다 자아가 있습니다. 어떤 거짓. 어떤 속임수가. 이름들과 형상들이 있는 곳마다 속임수가 있습니다.

다른 사람들에 대한 책임이 있을 때, 우리는 어떻게 해야 합니까?

책임은 저절로 이행될 것입니다. 이것은 지고의 힘에서 나오므로 더 지혜롭게 이루어질 것입니다. 그러면 모든 사람이 더 행복해질 것입니다. 그러나 그대는 이 지고의 힘을 믿지 않습니다. 자아를 믿습니다.

스승님께서 슈리 라마나스라맘에서 보내신 시간들은 어떠했습니까?

시간은 없었습니다! 누군가와 사랑에 빠졌을 때 그 분위기에서 그대는 시간을 보낼 수 있습니까? 이것은 가장 깊은 희열입니다. 그대는 결코 그 희열 바깥에 있을 수 없습니다. 시간은 거기로 들어갈 수 없습니다. 마음도 감각도 들어갈 수 없습니다. 시간이 없는 순간입니다. 그때 그대는 거기에 시간이 없음을 알게 될 것입니다. 시간은 무지에 지나지 않습니다. 수백만 년이든 수십억 년이든 한 순간일 뿐입니다.

시간이 없고 존재한 적도 없었다고 말씀하실 때, 그 뜻은 나(I AM)로부터 분리가 없다는 말씀이십니까?

나는 나입니다. 시간 없음이 그대의 자연스러운 상태입니다. 여기에서 나오면 즉시 과거, 현재, 미래에 사로잡힙니다. 그러면 그대는 온갖 고뇌들과 수많은 세계에 빠지게 되는데, 그것은 모두 마음의 속임수입니다. 시간을 만드는 것은 마음입니다.

생각이 일어나는 곳에 있을 때면, 몸 안에 생각이 머물 수 있는 특정한 곳이 있는 것 같지 않습니다. 정말 그렇습니까?

몸 안에도 몸 바깥에도 없습니다. 그러나 그대가 “나는 몸이다.”라고 생각하면 몸 안에 머물 곳이 나타납니다.

아직도 혼란스럽습니다. 안에도 바깥에도 없다면 그것들이 어디에서 일어나는 것입니까?

'나'를 탐구하십시오. '나'는 사라질 것입니다. 그대는 이 '나'를 습관적으로 어디에 둡니까?

몸에 둡니다. 이것은 과거의 조건화입니까?

만약 그대가 "내가 하겠다."라고 하는데 몸에 대한 아무런 집착이 없다면, 그대는 어디에 매달립니까? 바깥도 없고 안쪽도 없습니다. 그대는 자신을 몸이라고 생각합니다. 그래서 공 혹은 의식은 몸으로 한정된 것처럼 보입니다.

'립 밴 윙클'이라는 이야기를 보면, 주인공의 마음은 시간을 지각하지 못했지만 몸은 늙었습니다.

모든 몸은 늙어 갑니다. 몸은 의식이 아니기 때문입니다. 몸은 원소들의 상호 작용으로 만들어진 것입니다. 사람이 죽으면, 원소들은 되돌아갑니다. 그때조차도 그대는 아무것도 잃지 않습니다. 원소들은 파괴되지 않습니다. 호흡이 공기로 되돌아가듯이 그것들은 그냥 대지로 되돌아갈 뿐입니다. 그러므로 몸을 잃는다고 슬퍼할 필요가 없습니다. 잃는 것은 오직 죽음에 대한 두려움뿐입니다.

전생을 보는 법을 배우면 도움이 될까요? 사람들이 제게 전생을 봐달라고 부탁합니다.

왜 그들에게 더 많은 고통을 주려합니까? 한 생애의 고통만으로도 충분합니다. 사람들을 돕고 싶다면, 그들에게 수백만 개의 다른 몸을 주지 마십시오. 그대는 몸을 소유하고 있지 않습니다. 이 모든 것은 오직 마음일 뿐입니다. 모든 시간은 마음입니다. 환생은 오직 몸에서 나올 뿐, 자각에서 나오는 것이 아닙니다.

아무 일도 일어난 적이 없으며, 아무 일도 일어나지 않을 것입니다. 이것이 궁극의 진리입니다. 그대가 믿든지 믿지 않든지 진리는 영향을 받지 않습니다. 경험으로 이 사실을 알게 되면 그대가 행복해지는 데 도움이 될 것입니다.

변화가 있는 한, 그 변화들을 지켜보는 불변의 무엇인가가 반드시 있습니다. 스크린이 없다면, 그 위에서 움직이는 영상들이 있을 수 없습니다. 스크린은 변하지 않지만, 영상은 늘 변합니다. 어디에든 변화가 있으면 거기에는 반드시 불변의 바탕이 있습니다. 그것이 그대의 성품입니다. 이 위에 몸, 마음, 모든 현상이 투사됩니다.

스승님께서는 깨달으셨지만, 스승님의 몸은 자신의 과정을 끝내야 합니다.

그렇습니다. 몸은 자신의 과정을 끝내야 합니다. 그러나 그것도 하나의 관점에서 나온 말입니다. 다른 관점으로 보면, 끝내야 할 아무런 과정이 없습니다. 마음이 활동하고 있을 때 그대는 그것을 '과정'이라고 부릅니다.

깨달은 사람에게는 현상계가 어떤 식으로 존재합니까? 계절과 같은 자연 법칙들과 조화는 깨어 있는 상태에서는 존재하는 것 같은데 꿈꾸는 상태에서는 그렇지 않습니다. 깨어 있는 상태와 꿈꾸는 상태가 어떻게 다른지 잘 모르겠습니다. 깨어 있는 상태가 꿈꾸는 상태보다 더 질서가 있는 것처럼 보입니다.

일관성을 보는 것은 자신이 여전히 마음을 보고 있다는 의미입니다. 그대는 깨어 있는 상태와 꿈꾸는 상태의 차이점을 만들어냈습니다. 어느 한 상태에 있을 때에는 다른 상태에 대하여 말하지 마십시오.

꿈꾸는 상태에서 배고프다고 해서, 깨어 있는 상태의 음식이 그대를 배부르게 할 수 있습니까? 그대는 꿈꾸는 상태에서 조리된 음식을 원합니까, 아니면 깨어 있는 상태의 음식을 원합니까? 꿈꾸는 상태에서 친구를 만나면 행복하지 않습니까? 꿈속에서 뱀에게 물리면 고통스럽지 않습니까? 꿈속의 의사에게 가십시오.

먼저 깨달으십시오. 그 뒤에 어느 쪽이 질서 있고 어느 쪽이 무질서한지를 말하십시오. 자유 속으로 들어가면 최고의 질서가 있을 것입니다.

여기에 머물수록 더 혼란스러워집니다. 이제는 정말 아무것도 모르겠습니다. 내면이 흔들리고 있습니다. 모든 것이 뒤바뀌고 있습니다. 어떻게 해야 할지 모르겠습니다.

어떻게 해야 할지 모르겠다면 모든 것을 있는 그대로 내버려두십시오.

저는 어떤 일이 일어나야 한다고 생각합니다.

아무것도 기대하지 마십시오. 그러면 무엇인가가 일어날 것입니다. 어떤 기대도 하지 마십시오. 그대는 여기에 무엇을 기대하며 왔습니까, 아니면 모든 기대를 버리기 위해 왔습니까?

좋은 질문입니다.

나 역시 좋은 답을 기대합니다!

기대하며 온 것 같습니다.

그 기대들이 사라졌습니까, 아니면 여전히 그대의 머릿속에 간직되어 있습니까?

혼란스럽습니다. 모르겠습니다.

모른다면 좋은 일입니다. 모른다면 아무 기대도 하지 마십시오. 기대가 없으면 그때 그대는 자유롭습니다. 기대를 하면 속박됩니다. 아무것이나 원하는 것을 선택해 보십시오. 기대들은 결코 충족되지 않을 것입니다.

하지만 여기 있는 사람들이 모두 놀라운 체험을 하고 있습니다. 저도 그래야 한다고 생각합니다.

그들은 기대를 잃었고, 그래서 체험을 했습니다. 그대가 아무것도 기대하지 않으면 무엇이 남습니까?

아무것도 없습니다.

아무것도 없습니다. 그러면 그대는 행복할 것입니다. 기대를 버림이 그대의 성품입니다. 기대를 갖지 않음이 그대의 성품입니다. 아무것도 기대하지 않는 것. 기대 없음이 사하자(sahaja) 사마디입니다.

제9장

# 해방에 이르게 하는 수단

수행처로 계속 가서 명상을 꾸준히 하는 사람들에게는 어떤 일이 일어나는 것 같습니다. 마음이 부드러워지고 고요해집니다.

변화들이 일어날 것입니다.

어느 날 갑작스레 모든 수행들이 나를 떠나 버려서 스승을 찾아간 적이 있었습니다. 나는 또렷이 깨어 있었습니다.

1945년, 나는 첸나이에서 일하고 있었고, 날마다 새벽 2시 30분부터 아침 9시 30분까지 수행을 했습니다. 그 뒤 사무실로 출근했습니다. 그런데 어느 날 돌연히 수행들이 모두 나를 떠나 버렸습니다. 나는 새벽 수행을 위해 일어나지 않았습니다.

내가 살던 이웃에는 라마크리슈나 교단이 있었는데, 그곳의 스와미는 그것을 '영혼의 어두운 밤'이라고 했습니다. 그러고 나서 "매일 저녁 6시에 여기로 와서 내 설법을 들으십시오."라고 말했습니다. 비슈누 파에 속해 있던 어느 스와미는 "계속 수행해야 합니다. 우리의 키르타(kirta)에 참석하십시오. 우리의 구루께서는 '그릇이 깨끗해도 다음 날을 위해 씻어야 한다.'고 말씀하셨습니다.

나는 그에게 말했습니다. "나의 컵이 금이라면 씻을 필요가 없습니다. 당신의 컵은 놋쇠인가 보군요."

모두들 나에게 수행을 계속하라고 권유했습니다. 그러나 나는 수긍할 수가 없었습니다. 왜냐하면 수행들이 저절로 떠났다는 것이 내 경험이었기 때문입니다. 나는 수행들을 사랑했습니다. 그런데 더는 수행을 할 수 없었기에 당황스러웠습니다. 앉을 수가 없었습니다.

그래서 나는 이 문제를 풀기 위해 나의 스승을 찾아갔습니다. 나는 토요일 휴무를 이용하여 갔습니다. 나는 사정을 설명했습니다. "저는 18년 동안 수행을 해 왔고 늘 명상을 했습니다. 그런데 이제는 잠에서 깨어나도 앉고 싶지는 않습니다. 어떻게 해야 할지 모르겠습니다."

그러자 스승님이 나에게 물었습니다. "그대는 첸나이에서 티루반나말라이까지 어떻게 왔는가?"

"기차로 왔습니다."

"그럼 기차역에서 아쉬람까지는?"

"마차를 탔습니다."

"그것은 지금 어디에 있는가?"

나는 그것이 정류장에 있다고 대답했습니다. 그러자 스승님이 말했습니다. "수단들은 그대를 어느 장소로 데려다 주었고, 그대는 그 수단들을 버렸다. 그것들은 그대를 떠났다. 수단들은 그대를 데려다 주고, 안내해 주고, 다시 돌아갈 것이다. 목적지에 도착하면 기차 안에 계속 앉아 있을 수 없다. 수행이라는 노력이 그대를 목적지에 데려다 주었다. 이제 역을 떠나라. 수행의 노력은 이제 끝났다. 그대는 자기 자신의 얼굴을 보아야 한다. 아주 재미있는 상황이다."

수단들을 포기하면 행복해질 것입니다. 우리는 수단들에 너무 집착하고 수단이 주는 즐거움을 너무 사랑하여 목적을 망각하고 있습니다. 어딘가로 가려면 수단이 필요합니다. 그러나 이동하지 않을 때는 무슨 수단들이 필요하겠습니까? 집에 있을 때는 어떤 운송 수단도 필요치 않습니다.

진정한 스승은 그대에게 할 일을 주지 않을 것입니다. 방법을 주지도 않을 것입니다. 스승은 그대에게 자유도 줄 수 없습니다! 스승은 단지 속박되어 있다는 개념을 제거할 뿐입니다. 그대는 스스로 할 수 있습니다. 스스로 할 수 없다면 좋은 스승을 찾아가십시오. 이것이 진정한 스승의 가르침입니다.

옛날에 어떤 왕이 후손이 없어서 아들을 입양하기로 결심했습니다. 그는 신하에게 말했습니다. "궁궐 문을 열어라. 오전 8시부터 오후 6시까지 모든 백성들이 들어와서 나를 만날 수 있게 하라. 남자가 들어오면 목욕을 시키고 향수를 뿌리고 옷을 입혀라. 점심도 대접하고 음악과 춤도 즐길 수 있게 하라. 그래서 그가 나를 만나러 올 때는 기운차고 편안하고 잘 차려입어야 한다. 내가 아들로 맞아들일 수 있도록 준비되어야 한다."

궁궐 문들이 열렸고, 그 도시에 살고 있는 사람들이 모두 왔습니다. 사람들은 목욕을 했고, 수영을 좋아하는 사람들은 수영장에서 놀았습니다. 어떤 사람들은 향수병들을 보고서 집에 가져가기 위해 묶기 시작했습니다.

점심 식사가 나오자 모두들 집에 가져가려고 음식을 상자에 담아 묶기 시작했습니다. 점심시간이 끝나자 음악과 춤이 시작되었습니다.

이윽고 6시가 되자 왕이 물었습니다. "도대체 어찌된 일인가? 아무도 나를 만나러 오지 않았다."

신하가 대답했습니다. "폐하, 이해가 안 됩니다. 우리는 문들을 열었고 지시하신 대로 모든 것을 주었습니다. 그런데 결국 모든 사람들이 짐을 꾸려 머리에 이고 집으로 돌아가 버렸습니다." 목적이 중도에 잊혀진 것입니다.

삶의 목적이 무엇입니까? 진정한 집으로 돌아가는 것입니다. 왕을 만나는 것입니다. 왕좌에 오르는 것입니다. 우리는 잊었습니다. 저녁 6시가 되면 경찰이 와서 그대를 몰아냅니다. 그대가 곧바로 왕에게 간다면 이 모든 것이 그대에게 덤으로 주어질 것입니다. 이것들은 그대의 것입니다. 왜 그대는 먼저 왕을 만나러 가지 않습니까? 이 모든 짐을 꾸릴 필요가 없습니다. 이것들은 그대의 것입니다. 우리는 삶의 목적을 잊었습니다. 그대는 돌아와서 왕을 만나야 합니다. 이것저것을 즐기기 시작하면 어느새 시간이 다 되어 문이 닫힐 것입니다. 그러므로 지금이 때입니다. 이 때는 이 순간입니다. 그러므로 목욕을 하고 옷을 잘 차려입으십시오. 수영을 하고, 몸을 씻고, 향수를 뿌리고, 잘 먹으십시오. 그리고 왕을 만나러 가십시오.

스승님께서는 수단이 어느 지점까지는 이르게 해 주지만 목적지에 도착한 뒤에는 그것을 버려야 한다고 말씀하십니다.

그렇습니다. 그대가 목적지에 정말로 도착하고 보면, 그 수단들이 아무 쓸모도 없음을 알게 되기 때문입니다. 그대가 도착한 것은 어떤 수단들의 결과가 아닙니다. 내가 수단들을 버리고 나서 보니 그것들이 이 상황과 아무런 관련이 없음을 알게 되었습니다. 한 번이라도 '현자의 돌'을 만지면 다시는 철이나 황동으로 되돌아갈 수 없습니다. 이제 그대는 순수한 금이기 때문입니다. 그러나 만약 여기에 수단들이 관련된다면 그대는 이전 상태로 되돌아갈 수 있습니다.

수단들을 통하지 않고는 어느 누구도 이해할 수 없기에 우리는 수단들에 대하여 얘기합니다. 그러나 일단 그대가 직접 체험하고 보면, 수단들이 아무런 쓸모가 없음을 알게 될 것입니다. 아무것도 그것에 닿을 수 없습니다. 수단들은 마음을 의미합니다. 마음은 그대를 마음 너머에 있는 것으로 데려갈 수 없습니다. 물론 마음은 안내할 것입니다. 이 수단들은 그대를 마음과 관련된 것들로 안내할 것입니다. 그러나 마음 너머로 가는 것은 수단들과 아무런 관련이 없습니다. 수단들은 과거에 속합니다. 수단들에 관해 얘기하면 과거로 들어갈 것입니다. 지금 바로 이 순간 있는 그대로의 그대의 모습으로 존재하는 데 무슨 수단들이 필요합니까?

제10장

# 삼사라인가, 니르바나인가

저 앞에 자유의 바닷가가 있지만 그대는 앞으로 나아가기를 두려워합니다. 왜냐하면 길 한가운데에 뱀 한 마리가 똬리를 틀고서 그대를 기다리고 있기 때문입니다. 매일 그대는 다시 와 보지만 뱀이 있습니다. 그래서 지나가기를 두려워합니다. 어느 날 맞은편에서 어떤 사람이 와서 그대에게 말합니다. "저것은 밧줄이다. 뱀은 없다. 밧줄만 있을 뿐." 이 권위자가 진실을 말해 주고, 그대는 진실을 깨닫습니다. 여기에 무슨 행위가 있습니까? 그대는 뱀에게 무슨 행위를 했습니까? 뱀은 어디로 갔습니까? "나는 묶여 있다."라는 생각이 뱀입니다. 뱀은 없었습니다. 그대는 두려움과 의심이라는 장애물을 제거해야 합니다. 밧줄을 있는 그대로 보십시오.

언제든 이원이 있으면, 그것은 꿈꾸는 상태입니다. 다양성을 볼 때마다 그대는 꿈꾸는 상태에 있습니다. 창조자, 창조물, 천국, 지옥, 혹은 사이에 있는 모든 것들은 모두 꿈꾸는 상태에 있는 것들입니다. 깨닫고 나서 보면, 아무것도 존재한 적이 없었음을 알게 됩니다. 신도 없고, 창조도 없고, 아무것도 창조된 적이 없었습니다. 그 안에 세상도 없고 아무것도 없었습니다. 그것은 완전한 공입니다.

그 뒤에 "나는 캐서린이다."라는 첫째 생각이 옵니다. 깊은 수면 상태에서는 아무것도 존재하지 않았습니다. 친구도 없고, 적도 없었습니다. 아무것도 없었습니다. 아침에 잠에서 깨어나면, 즉시 첫째 생각인 "나는 캐서린이다."가 일어납니다. 그 순간 모든 것이 시작됩니다.

그 첫째 생각과 더불어 시간과 카르마가 나타납니다. 그러므로 "나는 아무개다."라는 이 첫째 생각을 붙잡고 그것이 어디에서 나오는지를 찾아내십시오. 그대가 탐구하면 이 생각은 그대를 떠날 것입니다. 그러면 그대는 자신이 누구인지를 알게 될 것입니다.

"나는 아무개다."라는 이 생각에 다른 모든 생각들이 의존하고 있습니다. 온 우주가 이 생각과 결부되어 일어납니다. 그러므로 이 '나'라는 생각, 첫째 생각을 붙잡으십시오. '나'는 사라지고 그대만이 홀로 남을 것입니다. '나'라는 자아는 그대가 되돌아가도록 도와줄 것입니다. 그러면 그대는 여태 아무것도 존재한 적이 없었음을 알게 될 것입니다.

우리가 때때로 환영을 보기를 선택한다는 말씀입니까?

그렇습니다. 그러나 이 역시 환영입니다. (웃음)

보는 자가 되면, 그대는 환영을 보게 됩니다. 그러면 보는 자는 존재하지 않게 됩니다. 어떤 것을 보려면 그대는 그것을 바라보아야 합니다. 그러려면 그대는 먼저 그대 자신을 분리해야 합니다. 이것이 환영입니다.

그렇다면 사실은 오직 하나의 욕망만 있는 것입니까?

하나만 있는 욕망은 욕망이 아닙니다. 둘이라는 개념이 없다면 어떻게 그것을 '하나'라고 부를 수 있겠습니까? 그 밖의 다른 것이 없다면 그대는 그것을 '하나'라고 부를 수 없습니다. 방 안에 혼자 앉아 있을 때 어떤 사람이 그대를 만나러 오면, 그대는 "어서 오세요. 여기에 아무도 없습니다."라고 말할 것입니다. "여기에 아무도 없다."고 그대는 그렇게 말합니다. 하나만 있는 욕망은 욕망이 아닙니다. 하나의 욕망으로 있으려면 다른 욕망들이 뒷받침되어야 합니다. 다른 것들이 없어져 버리면, 하나 또한 없습니다. 우리가 이원의 관점에 있을 때만 '하나'에 대해 얘기할 수 있습니다.

왜 제가 이 환영을 믿기를 선택합니까?

그대가 그렇게 선택했습니다.

하지만 왜입니까?

그대가 그렇게 선택했습니다. 그대는 그 선택을 거부할 수도 있습니다. 그대는 이 환영에 만족합니다. 그대는 이 환영과 관계를 맺고 있습니다. 그래서 그것을 믿습니다. 만약 그대가 다른 것을, "나는 환영을 원치 않는다."를 선택한다면 그때는 아무런 환영도 없을 것입니다. 그것은 그대의 창조물이며, 그대 자신의 상상입니다. 이 환영은 존재하지 않습니다.

그런데 그대가 말하는 환영은 무슨 뜻입니까? 존재하지 않는 것을 환영이라 합니다. 사막의 신기루와 같은 것입니다. 만약 그대가 그 신기루 안에서 헤엄치며 나아가려 한다면, 그것은 그대의 선택입니다. 그 선택은 그대에게 고통을 줄 것입니다. 사막의 신기루로 가서 수영을 하기 위해 그 속으로 뛰어든다면, 그것은 누구의 선택입니까?

그대는 다시는 그 강으로 수영하러 가지 않을 것입니다. 그것은 존재하지 않습니다. 오직 그대가 그것을 선택했습니다. 이 잘못된 선택을'삼사라'라고 합니다.

여기에서 벗어나려면 다른 선택을 일으켜야 합니다. 그대는 "나는 자유롭기를 원한다."를 선택할 수 있습니다. 혹은 "나는 환영 속에 있다."를 선택할 수도 있습니다. 그러므로 니르바나 혹은 삼사라라는 두 가지 선택의 길이 있습니다. 둘 중 하나를 선택하십시오.

삼사라를 선택했다면, 이제 그대는 니르바나를 보지 못합니다. 그대가 삼사라를 선택한 뒤에는 니르바나가 나타나지 않습니다. 일단 삼사라를 선택했다면, 그대는 삼사라의 욕망들이 없는 상태를 선택하지 못합니다. 그대는 니르바나가 존재하는지조차 알지 못합니다. 그대는 여기에 태어나고, 여기에서 머물다가, 여기에서 죽을 것입니다. 이 과정은 끝없이 계속 반복될 것입니다.

무엇이 그대에게 유익한지를 언젠가는 현명하게 생각해야 합니다. 그때 그대는 이제까지 보지 못한 어떤 것을 위해 선택을 해야 합니다. 이 세상의 모든 사람들은, 그대 역시 물려받은 그 선택 속에서 길을 잃고 있습니다. 그대는 그릇된 선택을 한 모든 사람들을 봅니다. 그들은 다른 사람들의 선택이 옳을 것이라고 믿고서 함께 이 길을 가고 있습니다. 그대 또한 다른 사람들의 선택이 옳을 것이라고 믿고서 그 길을 가고 있습니다.

왜 어떤 왕들은 자유를 선택했습니까? 왜 그들은 왕궁과 아내와 보물을 버렸습니까? 붓다는 왕자였지만 이 길을 선택했습니다. 그에게 무슨 문제가 있었습니까? 그에게는 아름다운 아내와 아들, 온갖 인생의 쾌락이 있었습니다. 왜 그는 이 길을, "나는 자유롭고 싶다."를 선택했습니까? 그는 이 세상에서 고통을 보았습니다. 그는 안락하고 호화롭게 살 수 있었고, 코끼리들과 왕국이 있었습니다. 그는 왜 이 길을 선택했습니까?

그것이 유일한 선택입니다.

그것이 유일한 선택이라면 왜 소수의 사람들만이 그것을 선택했습니까? 2,500년이 지난 지금도 왜 우리는 여전히 붓다의 선택을 따르고 있습니까? 몇몇 행운아들만이 이 선택을 물려받습니다. 그러면 그들의 조상들이 달라질 것입니다. 그들은 그 조상들의 선택을 물려받을 것입니다. 그러므로 그대가 살고 있는 사회, 그대가 맺고 있는 관계를 바꾸어야 합니다.

어느 쪽이 그대에게 유익한 선택입니까? 수백만 년 동안 그대는 한 가지를 계속 선택해 왔고, 앞으로도 그 안에서 계속 쾌락을 찾을 수 있습니다. 이것에는 아무런 끝이 없습니다. 어느 날 그대는 고통으로 이끌 뿐인 이런 쾌락들을 더 이상 선택하지 않을 것입니다.

저는 되돌아가는 방법을 모릅니다.

어디로 돌아가려는가?

그 자유로 되돌아가고 싶습니다.

그대가 모른다면 실은 아주 잘 알고 있는 것입니다. 왜 그대는 다른 곳으로 가지 않고 여기로 왔습니까?

달리 갈 곳이 없습니다.

달리 갈 곳이 없다면, 그대는 선택을 한 것입니다. 그러나 아직 그대는 자기의 선택을 받아들이지 않고 저항을 하고 있습니다. 그대는 이 선택을 존중해야 합니다. 이 선택을 하다니 그대는 매우 운이 좋습니다. 그대는 이 선택을 존중해야 합니다.

존중합니다. 하지만 어떤 무엇이 저를 나아가지 못하게 막습니다.

오직 그 욕망만 있어야 합니다.

그런데 무엇이 저를 방해하는 것입니까?

그대는 바닷가에서 놀고 있는 친구들을 보고서 함께 모래밭에서 놀고 싶어 합니다.

어느 길로 가야 할지 모르겠습니다.

길은 없습니다. 길을 잃으려면 그대는 여기가 아니라 다른 곳에 있어야 합니다. 이 선택을 존중해야 합니다. 진짜 다이아몬드의 얼굴을 잠깐이라도 본다면, 그것에 참된 가치를 부여함으로써 그것을 존중해야 합니다. 그것에 100퍼센트의 가치를 부여해야 합니다. 그렇지 않으면 그것을 영원히 잃습니다. 왜 '영원히'인가? 왜냐하면 다음번에는 이것을 전에 경험했다고 기억할 것이기 때문입니다. 그것에 온전한 가치를 부여하고, 다음번을 믿지 마십시오. 만약 그대가 비교하면, 그대는 그것을 과거에게 빼앗깁니다. 만약 그것을 잃으면, 그대는 그것을 영원히 잃게 됩니다. 그러므로 그것에 온전한 가치를 부여하고 온전히 존중하십시오.

그것을 존중하는 것과 사랑하는 것은 같은 것입니까?

같은 것입니다. 깨달음은 찰나에 일어납니다. 지금 여기에! 그것은 더없이 희귀합니다. 그대의 호흡보다 더 가까이 있습니다. 왜 그대는 그것을 백 년 뒤로 미루려고 합니까? 만약 그것이 가장 가까이, 호흡보다 더 가까이 있다면 그대는 어디로 가야겠습니까? 그것을 발견하기 위해 무엇을 해야 합니까?

저는 그것을 가졌습니다!

그것을 가졌다고? 훌륭합니다! 어떤 노력도 필요치 않습니다. 아무것도 할 필요가 없습니다. 이미 여기에, 매우 가까이 있는 것, 이것이 존중입니다. 그것을 가졌다면 그대는 결코 잃을 수 없습니다. 어떤 곳에 있지 않은 것, 호흡보다 더 가까이 있는 것을 그대가 어떻게 잃을 수 있겠습니까?

저는 순간순간 자유롭기를 선택할 수 있는 것 같습니다. 하지만 마침내 선택할 것이 없을 때에도 또 다른 단계가 있습니까? 자유에도 여러 수준들이 있습니까?

아닙니다. 자유에 여러 수준들이 있는 것이 아니라, 그대가 하는 여러 수준의 선택이 있을 뿐입니다. 자유를 선택하는 것은 단 한 번으로 충분합니다. 만약 그대가 되풀이한다면 그것은 그것의 가치를 잃을 것입니다. 그 선택이 일어날 때 그것을 붙들고 그 선택 안으로 들어가십시오. 그러면 그것은 선택 없음이 될 것입니다. 그대 자신을 그 선택과 동일시하십시오. 즉시 그 안으로 뛰어드십시오. 그러면 그 선택은 선택이 아닐 것입니다. 이 선택 속으로 뛰어들어 선택 자체가 되십시오.

이 선택이 어디에서 나오는지를 탐구하십시오. 그것은 누구의 선택입니까? 이것은 그대를 선택 없음으로 안내할 것입니다. 선택이 저편에서 온다면, 선택이 없습니다. 이편에서 나온 선택은 자아의 선택, 그대를 오랜 세월 속여 온 자아의 선택입니다. 저편에서 나온 단 한 번의 부름으로 충분합니다. 황제들은 자신의 보좌를, 가족을, 아내를, 그리고 보물을 버렸습니다. 그들은 이 선택을 완전히 존중했습니다.

제11장

# 릴라

파도들은 늘 해안으로 달려와 씻어 내리고 있습니다. 이것은 그들의 움직임과 그들의 소리입니다. 어느 날 어린 파도 하나가 먼 곳에서 밀려오는 크고 늙은 파도를 보았습니다. 어린 파도는 늙은 파도에게 물었습니다. "바다에 대해 들어 본 적이 있나요? 정말로 그런 것이 있나요?"

늙은 파도는 큰 소리로 요란한 소리를 내며 답했습니다. "바다에 대한 얘기를 들어본 적은 있지만 내 눈으로 직접 보지는 못했단다."

(방안을 둘러보고 빙그레 웃으며) 파도들, 그들의 움직임과 소리, 이것을 삼사라라고 합니다. 이것은 실재하지 않는 분리이며, 이것이 고통을 일으킵니다. 어느 누가 바다를 묘사할 수 있겠습니까?

삿상에 처음 참석한 날, 저는 창문 너머로 밖을 내다보았습니다. 새들이 보였습니다. 가까이 있던 새들은 금세 창문 앞을 지나갔습니다. 멀리 있던, 하늘 높이 떠 있던 새들은 창문을 지나가는 데 오랜 시간이 걸렸습니다. 저는 그 새들이 제 생각들과 같음을 깨달았습니다. 그 생각들이 더 나타나지 않을 때까지 그것들을 관찰하였습니다.

이제, 제 비어 있는 희열에서 한 생각이 일어나고 있습니다. 저는 새로운 이름을 받을 준비가 되어 있습니다. 이 생각을 말하기가 두려웠다는 것을 지금 깨닫습니다. 이 생각을 지켜보면서 저는 모든 의심과 공포가 마음속에만 있음을 봅니다. 뉴질랜드의 새는 키위입니다. 그 새는 날지 못합니다. 왜냐하면 약탈자들이 없어서 두려움을 잃었기 때문입니다. (그는 울기 시작한다)

어젯밤에 그대는 나를 찾아왔습니다. 나는 그대에게 새 이름을 줄 때가 되었다는 것을 알았습니다. 그대의 이름은 다르마입니다. 보디다르마가 중국에 불교를 전했듯이, 그대는 키위의 나라에 이 가르침을 처음으로 전할 사람입니다.

공에 대한 생각이 일어나고 있습니다.

좋습니다! 이제 그 생각과 하나가 되십시오.

그 생각은 공에서 오고 있습니다. 만약 생각을 공에서 만들어진 생각이라 여기고 그대가 그 생각을 자신과 동일시한다면, 이것은 공을 공으로 붓는 것입니다. 거기에는 아무런 분리도 없을 것입니다. 그리고 그 생각은 다시 공으로 돌아갈 것입니다.

이제, 만약 공으로부터 이 생각이 일어날 때 그대가 그 생각에 꼬리표를 붙인다면, 이것은 다시 이원이 됩니다.

나는 사람들이 삿상 중에 사마디에 떨어지는 것을 막습니다. 모든 사마디는 언젠가는 끝납니다. 불변의 실재는 늘 현존합니다. 바쁜 생활 중에도 온전한 현존으로 있으십시오!

사회생활에 거리를 둘 필요가 있는 것 같습니다.

성자가 되기를 원한다면, 세상적 감각들을 끊기 위한 일련의 금지 행위들을 지켜야 합니다. 이 나라에서는 성자가 되어 살 수 있습니다. 어떤 종파들에서는 여자와 눈을 마주치지 못하게 합니다. 나가(Naga) 종파는 성기를 불구로 만듭니다.

그러나 내 경험으로는, 그대가 무슨 일을 하고 있든 아무것도 바꾸지 않는 것이 최선이라고 생각합니다. 그것이 스스로 돌볼 것이기 때문입니다. 공은 늘 홀로 있으며 변하지 않습니다. 그것은 지금입니다. 지금은 비어 있습니다.

기대나 집착이 없이 릴라 안에서 그대의 역할을 다하십시오.

왜 스승님께서는 깨어 있는 상태에서만 제게로 오십니까?

구루가 이른바 깨어 있는 상태에 그대에게로 와서 그대를 깨운다면, 구루는 그대를 꿈꾸는 상태로부터 깨우고 있는 것입니다.

그렇다면 구루와 깨어나는 것과 관련하여 볼 때, 꿈꾸는 상태와 깨어있는 상태의 차이는 무엇입니까?

아무 차이도 없습니다. 꿈꾸는 상태에 있을 때 호랑이가 그대 뒤를 따라온다면 무슨 일이 일어납니까?

무서워서 도망치다가 잠에서 깨어납니다.

이처럼 이른바 깨어 있는 상태에서 구루가 그대 뒤를 따라오고 있음을 본다면 무슨 일이 일어납니까? 아무런 차이가 없습니다. 그대가 깨어난다면 그대는 분명 잠자고 있었을 것입니다. 구루는 그대에게 깨어나라고 말합니다. 깨어나지 않는다면 그대는 호랑이를 보지 않은 것입니다. 그대는 양을 보았습니다.

먹고, 잠자고, 성행위를 하는 점에서는 사람과 동물 사이에 차이가 없습니다. 그러나 인류에게는 모든 진행 과정으로부터 자유롭기를 원할 수 있는 잠재력이 있습니다. 동물에게는 선택권이 없습니다. 그대는 자유를 선택할 자유가 있습니다. 도살장으로 갈 필요가 없습니다. 그대가 원한다면 도살장을 피할 수 있습니다. 그러지 않으면 도살자, 죽음의 왕이 그대를 데려갈 것입니다.

바로 지금 그대는 그것을 피할 수 있습니다. 죽음은 몸만을 취할 것입니다. 그대는 이것을 바로 지금 알아야 합니다. "나는 몸이 아니다. 나의 몸은 고통을 겪는다. 나의 마음은 고요하지 않다." 이미 그것은 그대로부터 분리되어 있습니다. 누구의 몸입니까? 누구의 마음입니까?

행위에 책임이 있는 것은 언제나 그대의 참된 성품, 나, 알려지지 않은 것입니다. 그러나 자아는 자기가 하고 있다고 주장합니다. 태양이 빛나고 있을 때, 그대는 "나는 본다."라고 말합니다. 태양이 지고 나면, 그대는 "나는 볼 수 없다."라고 말합니다. 그대가 볼 수 없음을 볼 수 있는 그는 누구입니까? 내가 '나성품'이라고 부르는 것, 그것을 통하여 봄과 보지 못함이 보입니다. 그대는 그 지고한 미지의 공에게 복종하고 그 공으로부터 행해야 합니다.

여기에 있어, 공 안에 있어 저는 더없이 큰 평화와 행복을 느낍니다만, 그래도 무엇인가를 해야겠다는 생각이 여전히 일어납니다. 그것은 마치 구름 같습니다.

아닙니다. 그것은 구름이 아닙니다. 그것은 안개입니다.

설령 무엇인가를 해야겠다는 생각이 와도 아무런 문제가 없습니다. 그것이 공에서 오고 있다는 것을 확실히 아는 한, 그대는 그 일을 100퍼센트 할 수 있습니다.

태양은 빛나고, 구름은 흘러갑니다. 이 모든 것은 공에서 나옵니다. 그대는 더욱 활동적으로 일하지만, 그 행위는 그대를 방해하거나 괴롭히지 않을 것이며, 그대가 지각을 잃게 하지도 않을 것입니다.

그대가 해야 할 역할이 있을 것입니다. 허락하십시오. 그러면 공에서 행위가 나올 것입니다. 그때 이른바 이 '행위'는 공일 것입니다.

나는 그대에게 수도원으로 가라고 말하지 않습니다. 그 대신에 전쟁터에 나가 싸우라고 합니다. 이 행위는 무위와 같습니다. 바탕은 무위로 있으며 그대는 그것입니다. 행위나 무위는 그대의 상태들과 상관이 없습니다. 자연스럽고 즉각적인 행위는 기억에 아무런 인상을 남기지 않습니다. 삼사라는 기억 속에 발자국을 남깁니다. 그대의 발자국들은 하늘을 나는 새와 같을 것입니다. 그대가 기억 속에 저장해 놓은 것은 끝없이 계속되는 삼사라입니다.

그대가 자신을 알게 되면, 이 짐은 사라집니다. 그대가 자신을 알게 되면, 어떤 삼사라도 존재한 적이 없었음을 알게 됩니다. 그때도 없고, 이전에도 없었고, 앞으로도 없을 것입니다. 이것은 오직 상상일 뿐이며, "나는 몸이다."라는 한 생각의 결과물이입니다. 이 문장에서 '몸'을 빼면 무엇이 보입니까?

삼사라를 보려면 먼저 몸이 되어야 합니다. 그리고 시간이, 다음에는 수백만 개로 늘어난 몸들이……. 상상일 뿐입니다. 깨어날 때 그대는 이 모든 것이 한순간임을 알게 될 것입니다. 자유를 얻을 때, 그대는 이 점을 아주 잘 알게 될 것입니다.

자연이 바뀌고 있습니다. 이제 어떤 사람들은 자연과 지구에 대해 염려합니다. 공해와 대기 변화 같은 문제들을 해결하기 위하여 많은 마음들이 노력하고 있습니다. 좋은 날씨를 위해 기도하는 영적인 마음을 지닌 사람들도 있습니다. 이 모든 것은 무엇입니까?

이 또한 자연의 작용입니다.

아니오, 그것은 마음의 작용입니다. 제가 압니다.

그래. 그대는 이 마음을 어디에서 얻었습니까?

압니다. 그것은 마음입니다.

그래, 그것은 마음입니다. 그러나 마음은 이 문제에 관해 일할 수 있는 힘을 어디에서 얻었습니까?

나, 근원입니다.

그렇습니다. 그 근원을 자연이라고 부릅니다. 만약 마음이 문제들을 일으킨다면, 그 역시 자연의 작용입니다. 마음도 자연입니다.

지구도 하나의 존재입니까?

공간에 떠 있는 무수한 행성과 태양계들, 이것은 모두 마음의 창조물입니다. 마음의 힘은 굉장합니다. 그대는 원하는 대로 다 할 수 있습니다. 만약 그대가 자유를 향해 나아가는 대신 마음을 이용하고 싶어 한다면, 마음은 그 길도 그대에게 보여 줄 수 있습니다. 마음은 그대를 밀어주고 있습니다. 만약 그대가 "나는 자유를 원한다."고 말한다면 이것은 마음과의 제휴, 마음의 후원입니다. 마음은 평화롭기를 원합니다. 왜 그대는 마음과 친해지지 않습니까?

친해지라니요?

마음은 그대의 친구이자 적입니다. 그대가 원하는 대로 이용할 수 있습니다. 원하는 대로 이루어질 것입니다. 그대는 원하는 대로 될 것입니다.

하지만 약은 몸을 치료할 힘이 있지만 마음은 그렇지 않습니다.

내가 말하는 마음은 대문자 엠(M)으로 시작하는 큰마음(Mind)입니다. 큰마음에 이르고 싶어 하는 것은 마음입니다. 마음은 큰마음을 향하고 있으며, 그 큰마음은 절대적이며 무한한 전체입니다.

생각은 큰마음 속에 있습니다. 생각이 큰마음으로 되돌아오면 그것은 고요한 마음이며 파도 없는 바다가 됩니다. 그리고 큰마음에서 파도들이 일어날 때 그것들은 우주가 됩니다.

사탄도 마음입니까?

마음의 악한 힘이 악마입니다. 이 역시 마음의 영역 안에 있습니다. 마음에는 악한 경향성도 있으며, 그 경향성이 악마로 나타납니다. 사르나트에 있는 어느 사원에는 보리수나무 아래에 앉아 있는 붓다의 모습을 그린 그림이 있습니다. 온갖 유혹들이 보입니다. 악마들은 붓다가 깨달음을 얻지 못하도록 공격하기 위해 창을 들고 내려오고 있습니다. 이것들은 마음속에 저장된 경향성들이 올라오는 것이며, 그대 자신의 경향성, 그대 자신의 창조물입니다. 마음이 없으면 우주도 없고 신도 없습니다. 그대가 마음을 고요하게 할 때 온 현상계가 끝납니다.

스승님께서는 어떻게 마음을 고요하게 하십니까?

그것을 바라봄으로써 그렇게 합니다. 바라보십시오. 그러면 마음은 고요해질 것입니다. 그때 그것은 대상이 될 것입니다. 이 대상을 바라보려면 어떤 주체가 있어야 합니다. 그대는 바라보는 대상으로부터 분리됩니다. 누구의 마음이 혼란스러운지, 누구의 마음이 평화로운지 발견하십시오.

스승님께서 "누구의 마음인가?"라고 물으신 질문은 제가 여태 들어 본 것 가운데 최고의 농담입니다.

그렇습니다. 그대는 농담을 하고 있습니다. 그래서 나도 농담을 하고 있습니다. "제 마음이 혼란스럽습니다."라는 말은 그대의 농담입니다. 그래서 나도 농담을 합니다.

스승님께서는 '릴라'에 대해 말씀하신 적이 있습니다. 릴라가 무슨 뜻입니까?

무엇이 릴라입니까? 릴라는 영화를 보러 가는 것과 같습니다. 먼저 스크린이 있고 그것은 비어 있습니다. 빛이 스크린을 비추면 그것은 환히 밝아집니다. 영사기가 작동하면 영화가 스크린 위에 나타납니다. 사람들이 결혼하고 죽고 사랑하고 싸우다가 영화가 끝납니다. 스크린은 다시 비어 있습니다. 배우들은 자신들이 배우임을 줄곧 알고 있습니다. 태어난 사람도 없고, 죽는 사람도 없습니다. 어떤 배우가 왕의 배역을 맡아 하지만 그는 자신이 배우임을 알고 있습니다.

공을 깨달은 후에도 기호나 취향 같은 것이 여전히 있습니까?

그렇습니다. 그러나 그것은 비어 있습니다. 그것은 이런저런 취향이 있는 왕이나 하인의 배역일 뿐입니다. 그대가 그 배역을 진짜 자기 자신으로 믿자마자, 그대가 영화를 실제라고 믿자마자, 삼사라가 시작됩니다.

옛날에 어느 왕이 밖에 나가 밤 내내 사냥을 했습니다. 다음 날 아침에 그가 왕궁에 돌아와 보니 그의 구루가 기다리고 있었습니다. 왕은 스승에게 말했습니다. "우선 잠시 쉬어야겠습니다."

잠시 후에 그는 잠에서 깨어나 스승에게 말했습니다. "스승님, 질문이 하나 있습니다. 저는 깜빡 잠이 들었습니다. 꿈속에서 저는 거지였습니다. 어느 날 저는 구걸하러 마을로 걸어가고 있었는데, 많은 거지들이 있었습니다. 그런데 그들은 모두 저와는 반대 방향으로 가고 있었습니다. 저는 마을로 가고 있었는데, 그들은 모두 마을을 떠나고 있었습니다. 그

거지들 가운데 한 명이 말했습니다. '어디로 가시오? 오늘은 왕의 생일이오. 당신도 함께 갑시다. 왕은 우리에게 옷과 진귀한 음식과 돈을 줄 거요.' 저는 그들과 함께 가서 음식도 먹고 새 옷도 얻었습니다. 저는 오늘 목욕을 하고 왕이 준 옷을 입고 왕처럼 음식을 먹어 보기로 했습니다. 제가 목욕을 하고 있는데 개 한 마리가 저의 음식을 물고 달아났습니다. 저는 막대기를 들고 개를 쫓아갔습니다. 그리고 개에게서 음식을 뺏는 순간 잠에서 깨어났습니다. 그 순간에 저는 제 생일에 왕에게 구걸하러 간 거지였습니다! 구루지, 어느 쪽이 진실인지 말씀하여 주십시오. 그 순간에 저는 왕이었습니까, 거지였습니까?"

구루가 대답했습니다. "둘 다 꿈입니다. 지금 이 순간에도 우리는 여전히 잠자고 있습니다. 온 세상이 잠자고 있습니다. 잠자는 것은 구걸하는 것과 같습니다. 모든 사람이 무엇인가를 구걸하고 있습니다. 왕들도 구걸하고 있습니다. 모든 사람이 구걸하고 있습니다."

모든 사람이 잠을 자고 있어도 그대는 지금 깨어나야 합니다. 나 안에 머무르고, 나를 생각하고, 나를 말하는 사람은 누구나 진정 깨어 있는 상태에 있습니다. 그대가 그것을 잊고서 "나는 나가 아니다. 나는 다른 무엇이 필요하다."라고 한다면, 그대는 잠들어 있으며 음식을 빼앗기 위해 개를 뒤쫓습니다.

## 제12장

# 욕망

저의 의지와 신의 의지 사이에는 어떤 차이가 있습니까?

그대는 그대의 의지를 신에게 강요하고 있습니다. 그대는 "당신 뜻대로 하소서."라고 말하지만, 그대가 정말로 말하고 싶은 뜻은 "제 뜻대로 하소서."입니다. 그대는 신에게 "제 뜻대로 하소서."라고 명령하고 있습니다. 신에게는 의지가 없습니다. 신에게는 욕망이 없기 때문입니다. 따라서 그 말은 사실 "제 욕망을 이루소서."입니다. 신에게 이 의지를 강요하는 자는 누구입니까? 신에게는 아무런 의지가 없습니다. 이것은 그대의 의지요, 그대의 욕망입니다. 신은 "나의 뜻대로 하소서."라고 말하지 않습니다. 그것이 이루어진다면, 이루어진 것은 그대의 의지일 것입니다. 하늘에 계신 신은 그대의 종이 아닙니다.

무엇이 의지입니까?

욕망일 뿐입니다. 욕망이 없다면 어디에 의지가 있겠습니까? 그대가 의지를 쓸모 있게 사용할 수 있는 것은 한 번뿐입니다. 그 한 번이란 자유롭고자 하는 의지입니다. "나는 자유를 원한다. 나는 자유로워지고 싶다." 이 목적을 위해서만 그대의 의지를 사용하십시오. 그러면 모든 의지가 충족될 것입니다. 이것저것을 얻으려 애쓰며 그대의 의지를 사용하는 것은 아무런 소용이 없습니다.

왜 사람들은 깨달음을 원치 않습니까?

왜냐하면 마음이 그들로 하여금 감각들을 즐기는 데에 몰두하게 하기 때문입니다. 그들은 감각들의 즐거움을 포기하기를 두려워합니다. 진정으로 자유롭기를 원하는 사람들의 숫자는 손가락으로 헤아릴 수 있을 만큼 적습니다.

모든 사람들이 "나는 이 세상을, 나의 집착들을, 나의 관계들을, 내 사랑하는 사람들을 잃을 것이다."라며 두려워합니다. 이것은 어리석은 개념입니다. 이와는 반대로, 깨달을 때 그대는 참으로 좋은 관계를, 심지어 동물이나 식물과도 좋은 관계를 맺기 시작할 것입니다. 그대는 모든 사람을 사랑할 것입니다. 먼저 깨달으십시오. 그대는 좋은 사람이 될 것입니다.

무엇이 우리로 하여금 자유를 원하도록 밉니까?

행운입니다. 산더미 같은 공덕을 쌓은 뒤에야 그대는 자유롭기를 원할 것입니다. 그대가 이번 생에서 기회를 놓친다면, 다시 산더미 같은 공덕을 쌓을 때까지 다음 생으로 기회를 미룰 것입니다.

자유를 향한 욕망이 없는 사람들에게는 어떤 말씀을 해 주시겠습니까? 그들이 공덕을 어떻게 쌓을 수 있습니까?

그런 사람들은 내게로 오지 않습니다. 다이아몬드를 구하는 사람이 감자 가게로 가겠습니까?

공덕은 시간과 관련이 있으므로 마음이지 않습니까?

그렇습니다. 그대가 피안으로 건너가면, 그때는 그대에게 다른 언어로 얘기할 것입니다. 실은 공덕도, 악업도, 신도, 수행도 없습니다.

공덕은 영혼과 어떤 관련이 있습니까?

이 모든 것은 무지의 책략 안에 있을 뿐입니다. 사실은 공덕도, 악업도, 속박도, 깨달음도, 깨달음을 향한 탐구도 없습니다. 이것이 궁극의 진리입니다. 그대가 이 말에 동의하면, 이 문제에 관하여 말하겠습니다. 그대는 자유를 위하여 내게로 왔습니다. 진실로 말하자면, 속박과 자유는 차이가 없습니다. 만일 그대가 자유롭기를 원한다면, 이것은 속박의 관점에서 본 것입니다. 속박과 자유 둘 다를 버릴 수 있을 때, 이것이 내가 말하는 진정한 자유입니다.

공덕도 없고, 수행도 없고, 신도 없고, 사다나도 없습니다. 자유를 향한 참된 명상은 순수하며 흠 없이 순결합니다. 자유라는 생각도 들어올 수 없습니다. 이 명상은 몇 초 안에 끝납니다. 자유라는 개념이 있는 한, 그대는 묶여 있습니다. 어떤 개념도 갖지 마십시오. 심지어 그대가 명상하고 있다는 개념조차도 가지지 마십시오. 그런 개념을 갖고서 명상을 하는 사람이 보이면, 나는 그들을 깨웁니다.

자유를 위한 명상 자체도 속박이라는 말씀이십니까?

그렇습니다. 자유를 위해 명상을 한다는 생각으로 달려갈 때, 그대는 어디에 서 있습니까? 속박 안에 있습니다. 아닙니까? 무엇으로부터 자유로워지고 싶다는 생각이 마음속에 있지 않습니까? 그러므로 그대는 속박 속에 앉아 있습니다. 그대는 자유가 아니라 속박에 대해 명상하고 있는 것입니다.

그대가 찾고 있는 이 자유는 속박의 반대쪽에 있습니다. 참된 자유는 반대쪽이 없습니다. 그러므로 자유 위에 앉아서 명상을 시작하십시오. 자유가 그대 손안에 있다면 그대는 무엇을 위해 명상할 수 있습니까?

무(無)입니다.

아, 바로 그것입니다. 그것이 무라는 것을 어떻게 알았습니까? 그것은 이름도 없고, 형상도 없고, 개념도 없습니다. 그 위에서, 그 안에서, 그것을 위하여 명상하십시오. 됐습니까? 그것은 상상할 수도 없고, 성취할 수도 없고, 얻을 수도 없습니다. (큰 웃음) 자유라는 이 생각을 넘어서십시오. 그러면 자유가 없을 것입니다. 지식이 없을 것입니다. (더욱 큰 웃음)

감각들에는 어떤 일이 일어납니까?

먼저 경험하십시오. 먼저 그 상태에 이르고 나서 말해 보십시오. 그대는 "제가 결혼한 뒤에 아들을 낳을까요?"라고 묻고 있습니다. 이왕이면 "결혼하고 나서 제가 쉰 살이 되면 무슨 일이 일어날까요?"라고 묻지 그럽니까? 왜 그것은 묻지 않습니까? 먼저 경험하십시오. 먼저 결혼식을 올리십시오. 그러면 그대는 모든 것을 알게 될 것입니다.

우선 그대가 잠잘 때 감각들에게 무슨 일이 일어납니까? 그대가 잠자고 있을 때는 감각들도 없고, 마음도 없고, 걱정도 없고, 아무것도 없습니다. 그러나 이것은 여전히 무지의 상태에 있는 잠입니다. 마음에 피로가 쌓이면 휴식을 취하고 그대는 모든 것을 포기합니다. 네댓 시간 동안 마음은 잠시 휴식을 취하며 모든 것을 놓아 버립니다.

그대는 내일 아침 6시에 일어나야겠다는 생각을 합니다. 그대는 이 생각으로 끈을 묶고서 잠 속으로 들어갑니다. "내일은 이 일과 저 일을 할 것이다." 내일 아침에 일어나기 위하여 그대는 이 끈으로 그대의 머리를 묶습니다. 잠 속에서 그대는 모든 것을 잃습니다. 그러나 그 잠은 자각으로 가득 차 있습니다. 그대는 잠을 자는 동안 아주 잘 자각하고 있습니다. 이제 그대가 직접 발견하십시오.

자신을 변하도록 하면 안 될 것 같습니다. 선생님은 욕망들을 갖지 않도록 자신을 강제하지 않아야 할 것 같습니다. 도리어 자아를 더 키울 테니까요. 그렇지 않습니까?

이 의지를 그렇게 쉽게 버리면 안 됩니다. "나는 자유롭기를 원한다."라는 이 의지, 이것을 마지막 의지라고 부릅시다. 완전, 영원, 공인 지고의 것을 향한 마지막 욕망. 이것을 버리면 안 됩니다. 이 욕망은 그대를 어딘가로 데려다 준 뒤에 사라질 것입니다. 이 욕망은 스스로 불타 없어질 것이며, 그 뒤에 남는 것이 그대의 성품입니다. 그러니 이 의지에 감사하십시오. 극소수의 행운아들만이 이 자유를 선택할 것입니다. 이 욕망을 단단히 붙잡으십시오. 그러면 그것은 그대를 자유로 데려다 주고서 사라질 것입니다. 모든 욕망은 다른 욕망이 뒷받침되어야 합니다. 그렇지만 유일한 욕망은 욕망이 아닙니다. 그러므로 그것은 자유 자체입니다. 거기에서는 수단과 목적이 같은 것입니다. 자유만을 원하는 강렬한 욕망, 다른 욕망이 일어나지 못하게 하는 그 욕망은 자유 자체입니다.

일단 그대가 자유롭다는 것을 의식적으로 알게 되면, 욕망들이 일어나더라도 뿌리내릴 땅이 없을 것입니다. 왜냐하면 이것들은 타 버린 씨앗이 될 것이기 때문입니다. 그것들은 기억 속에서 싹을 틔우지 못할 것입니다. 그대는 이미 결말을 알 것입니다.

모든 욕망들은 자유 안에서 끝납니다. 그대의 욕망은 충족되고, 그대는 텅 비어 있습니다. 그대를 행복하게 하는 것은 공이지만, 그대는 이 사실을 모르고 있습니다. 그대는 행복이 공이 아니라 소유물에서 온 것이라고 생각합니다. 그러나 그대가 행복할 때는 욕망이 없을 때입니다.

모든 매력은 나가 나를 마주하는 것입니다. 어느 누구도 그대에게 행복을 줄 수 없습니다. 그대에게 행복을 주는 것은 몸도 아니고 좋아하는 것도 아닙니다. 그것은 나가 나를 마주하는 것입니다. 매력은 나가 나를 마주하는 것입니다. 이것은 비밀입니다. 일단 그대가 이것을 알게 되면, 세상에는 오직 사랑만이 있을 것입니다. 미움은 있을 수 없습니다.

이것을 알아차리는 데는 오직 한 순간만이 필요합니다. 단 한 번만이. 한 순간만이. 그대 자신을 들여다보고 이 순간에 자신을 알아차리십시오. 이 자유를 알아차리기 위해 오랫동안 긴 과정을 거칠 필요가 없습니다. 그대는 이미 자유롭습니다. 없는 것은 오직 알아차림입니다. 그대는 그것을 미루고 있습니다. 그대는 그대의 성품을 알아야 합니다. 그러지 않으면 행복하지 않을 것입니다.

요즘 자유를 향한 욕망이 커졌습니다. 자유를 향한 불길과 강렬한 욕망을 느끼는데, 감당하기 힘들 만큼 강렬합니다. 내면에서 너무나 강렬하게 타올라 견딜 수가 없습니다. 해방을 향한 이 욕망이 안에서 불타오르고 있습니다. 저는 그것을 미룰 수 없습니다. 지금 알아야겠습니다. 지금 당장 알고 싶습니다. 욕망이 여전히 불타오르고 있습니다.

이 욕망이 타 버리고 나면, 그 자리에 자유가 남을 것입니다. 이 욕망이 더 강렬해져야 합니다. 더욱더. 그래서 그것이 자신의 불길에 다 타서 없어지고 그 자리에 자유가 남도록 해야 합니다.

어떻게 하면 그 불길이 더욱 강렬해지겠습니까?

어떤 다른 욕망을 조금도 지원하지 않을 때입니다.

다른 모든 욕망들을 없애야 한다는 뜻입니까?

다른 어떤 욕망과 관련하지 않고, 오직 해방을 향한 욕망만이 있게 하십시오. 다른 욕망들이 전혀 없고 해방을 향한 욕망만이 있을 때, 그것을 어찌 욕망이라고 할 수 있겠습니까? 다른 욕망이 하나라도 있다면, 해방을 향한 욕망을 하나의 욕망이라고 할 수 있습니다. 그러나 다른 욕망이 하나도 없다면, 그것을 어떻게 욕망이라고 할 수 있겠습니까가?

저는 모르겠습니다.

그대는 알아야 합니다. 그대를 이 상황에 넣어보십시오.

여전히 이해가 되지 않습니다.

만약 둘째의 것 혹은 둘째 욕망이라는 개념이 없이 오직 하나의 욕망만 남아 있다면, 둘째라는 것이 없는데 어떻게 하나가 남을 수 있겠습니까? 그 하나가 다른 무엇과 관련하여 정의되지 않는다면, 이 하나의 한계가 어디에 있겠습니까? 둘째가 없으면 이 욕망도 없어지고, 자유만 남을 것입니다.

자유를 향한 이 욕망은 그대에게 아무것도 주지 않을 것입니다. 그것은 사라질 것입니다. 그것이 전부입니다. 그것이 아니라면 그대는 무엇을 성취하거나 무엇을 얻어야 할 것입니다. 그 뒤 그대는 그것을 잃을 것이며, 그것은 그대의 성품이 아닐 것입니다. 어떤 욕망도 없는 것이 그대의 성품입니다.

그 욕망은 대상에 대한 것이 아니라 나에 대한 것으로 보입니다.

이 욕망은 나에 이르기 위하여 나 안에서 일어납니다. 그것은 자기가 일어난 곳으로 되돌아갈 것입니다. 그것은 다시 돌아갈 것입니다. 그것은 충족되기 위하여 그대를 이곳이나 저곳으로 데려가지 않을 것입니다. 이 욕망은 사라질 것입니다. 만약 자유를 향한 이 욕망조차도 일으키지 않는다면, 무엇이 남겠습니까?

모르겠습니다. 그것은 늘 거기에 있었습니다.

그것을 일으키지 말고 보십시오. 어떤 상황입니까?

그러면 아무 욕망도 없나요? 자유를 향한 욕망조차도?

그렇습니다. (잠시 멈춘다) 자, 이것이 무엇입니까? 무엇이 남아 있습니까?

우선 모든 욕망이 사라졌고, 자유를 향한 이 욕망도 떠났습니다. 자유를 향한 이 욕망도 사라졌을 때, 남아 있는 것은 자유였습니다.

그대가 '자유'라고 말할 때, 지금 자유를 향한 어떤 욕망이 있습니까?

없습니다.

지금 어떤 일이 일어납니까?

욕망들이 없습니다.

그렇다면 이렇게 머무르십시오! 그대가 이렇게 머물러 있다면, 무슨 문제가 있습니까? 그대는 이 상황을 뭐라고 부르겠습니까? 속박입니까, 자유입니까?

어느 쪽도 아닙니다.

그래요. 아주 훌륭합니다. 그대가 속박도 자유도 아니라고 말할 때, 지금 그 둘 사이에서, 욕망을 일으켜 보십시오. 그러면 나는 우리가 무엇을 할 것인지 보겠습니다. 무슨 욕망이 옵니까? 무슨 생각이 옵니까? 무슨 대상이 옵니까? 무슨 주체가 남아 있습니까?

아무것도 없습니다.

아주 훌륭합니다! 그대는 매우 지혜로운 사람입니다.

만약 방법이라는 것이 있다면, 그것은 버릴 수 있는 것을 모두 버리는 것입니다. 버릴 수 있는 것을 모두 버렸을 때 남아 있는 것이 그대 자신입니다. 그대는 결코 그대 자신을 버릴 수 없습니다. 그대는 "나는 내가 아니다."라고 말할 수 있습니까? 존재(Being)는 버릴 수 없습니다. 버릴 수 있는 모든 것은 됨(becoming)입니다. 그대가 무엇이 된 것은 버릴 수 있습니다. 그러나 비어 있고 성품이며 근원인 이 존재, 이 공을 어떻게 버릴 수 있겠습니까? 그것을 버릴 수 있습니까? 만약 그것이 어떤 무엇이라면 버릴 수 있습니다. 그러나 그것이 아무것도 없고 아무 개념도 없이 비어 있다면, 어떻게 그것을 버릴 수 있겠습니까? 이제 그대는 "나는 이것이다."를 알아야 합니다.

욕망이 일어나면 이 욕망을 버려야 합니까?

아닙니다. 버리지 마십시오. 그것의 근원을 찾으십시오. 그것이 일어나는 곳으로 돌아가십시오. 그곳을 발견하십시오. 그러면 모든 욕망의 근원을 발견할 것입니다. 만약 명상을 해야 한다면 이런 방식으로 하십시오. 이 욕망의 근원을 탐구하여 발견하십시오. 명상을 하고 싶다는 욕망은 어디에서 나옵니까?

불만족에서 나옵니다.

이 불만족은 어디에서 나옵니까? 그것이 나오는 곳으로 되돌아가십시오. 세상에서 나옵니까?

아닙니다.

좋습니다. 그렇다면 바깥을 버리세요. 이 불만족은 내면에서 나왔습니다. 불만족이 나오는 내면의 근원으로 되돌아가십시오.

그것은 제 마음에서 나왔습니다.

마음은 어디에서 나옵니까? 그대는 '나의 마음'이라고 말했습니다. 누구의 마음입니까? 마음의 근원을 찾으십시오. 만족과 불만족은 마음속에 있습니다. 맞습니까??

그렇습니다.

그러니 때로는 만족하고 때로는 만족하지 못하는 마음의 근원을 찾으십시오. 마음의 근원을 추적하십시오. 지금 당장 그것이 나오는 곳으로 되돌아가십시오.

자유롭고자 하는 욕망은 모든 욕망의 여왕개미처럼 보입니다. 모든 작은 개미들을 일일이 쫓아다니느라 한없는 세월을 보낼 수도 있지만, 곧바로 여왕개미를 뒤쫓아 갈 수도 있습니다. 그러면 개미 군단이 끝나겠지요.

(웃으며) 그래요, 그렇습니다. 마음의 근원을 찾는 것과 "나는 자유롭고 싶다."라는 것 사이에는 차이가 없습니다. 자유를 향한 욕망은 근원으로 되돌아가는 과정과 같습니다. 그대가 마음의 근원을 찾고 있을 때, 다른 욕망들이 끼어들던가요?

무엇인가를 찾아내려는 욕망이, 정말로 알고자 하는 욕망이 있었습니다. 무슨 말씀인지 알 듯 합니다.

'마음'이라는 말까지도 포함하여 모든 말을 버리십시오. 내가 그대에게 요구한 것은 마음의 근원으로 되돌아가라는 것입니다.

고요가 있습니다.

좋습니다. 이전에 그대는 "불만족스럽다."고 했습니다. 이 고요 속에 불만족이 있습니까?

고요 안에는 없습니다.

따라서 마음의 근원으로 되돌아갈 때 그대는 고요를 발견합니다. 누가 고요합니까?

저입니다(I am).

그렇다면 여기에 머무르십시오. 주위 어느 곳에라도 불만족이 보이면 나에게 말하십시오. "저입니다."(I am)라고 그대는 말했습니다. 그러니 어떤 불만족이 보이는지를 '나'(I)에게도 물어보고 '이다'(am)에게도 물어보십시오. 이제 '나'와 '이다'라는 둘만 남아 있습니다. 그러므로 어떤 불만족이 있는지를 '나'가 '이다'에게 물어보게 하고, '이다'가 '나'에게 물어보게 하십시오. 누가 불만족한가?

둘이 서로 질문할 때 그들에게는 불만족이 없습니다.

좋습니다. 이제 이 둘 중에 하나를 버리십시오. '나'를 버리거나 '이다'를 버리십시오. 그대도 알다시피 우리는 지금 근원을 추적하고 있습니다.

'나'가 '이다'를 버립니다.

훌륭합니다. 그렇다면 이제 '나'만 남았습니다. 이 '나'에게 물어보십시오. "너는 누구인가?" '나'가 '나'에게 묻습니다. "나는 누구인가?" 이제는 둘째라는 것이 남아 있지 않습니다. 그러므로 이 '나'가 자신에게 묻도록 하십시오. 그대는 "나는 빌입니다."라고 말합니다. 그대는 다른 사람에게 "저는 빌입니까?"라고 묻습니까? 누가 빌입니까? 나는 어디에 있습니까?

아무것도 없습니다.

아무것도 없습니다. 그래서 이 '나'조차도 여기에서 사라집니다. '나'라는 단어는 사라집니다. 질문할 것이 없을 때, 그대는 '나'조차도 버릴 수 있습니다. 그렇습니까? 이제 무엇이 남아 있습니까? '나'가 일어나는 곳 너머로 가십시오. 얼른 가십시오. 생각하지 마십시오. 그대는 매우 가까이 있습니다. 이 순간을 놓치지 마십시오.

(긴 침묵)

좋습니다. '나'라고 말할 때, 그대는 무엇을 봅니까? 이름입니까? 형상입니까?

'나'속에는 아무것도 없습니다.

이름도 없고 형상도 없습니다. 그것이 그대의 성품입니다. 이제 알겠습니까? 이 속으로 들어가겠습니까?

그대가 말할 수 없어도 괜찮습니다. 나는 만족합니다. 오직 그렇게 머물며 침묵(quiet) 자체로 있을 때, 이 침묵에서 한번 뛰쳐나오도록 노력해 보십시오. 그대가 어디로 가겠습니까?

저는 굉장한 에너지와 희열을 느끼고 있습니다. 스승님께서는 희열 또한 넘어서야 한다고 말씀하셨습니다.

희열은 버려야 할 마지막 덮개입니다. 희열 속에는 다른 무엇을 즐기는 자의 활동이 여전히 있습니다. 분리가 있습니다. 대부분의 사람들은 여기에 붙잡힙니다. 그들은 약간의 행복이나 희열을 발견하고는 거기에 단단히 붙들려 그 너머로 가지 않습니다.

스승님과 함께 있는 동안 때로는 너무 많은 에너지를 느껴 스승님의 말씀조차 듣지 못할 때가 있습니다. 스승님께서 "희열 너머로 나아가라."고 말씀하셨을 때 울음이 터져 나와 멈출 수 없었습니다.

이 에너지는 근원과 다르지 않습니다. 이 에너지가 태양을 빛나게 하고, 바람을 불게하고, 그대를 명상하게 합니다. 그대가 이 에너지를 다른 무엇, 이를테면 몸이나 마음, 지성, 생명력 혹은 희열에 기인하는 것으로 여기면 문제가 생깁니다. 우리는 이 에너지를 통하여 행복을 느끼고 호흡을 합니다. 이 에너지는 늘 밑에서 흐르고 있는 저류입니다. 그대가 이해하기만 하면 이것에 대해 할 일이 아무것도 없습니다. "나는 이 에너지다!"라고 마음껏 포효하십시오.

제가 이 에너지라고 느끼는 순간들이 있습니다. 하지만 평소에 마음은 제가 무엇을 해야 한다고 말합니다.

그때조차도 이 에너지는 그대와 함께 있습니다. 그대는 "내가 하고 있다."고 말하지만, 그대로 하여금 행하게 하는 이 에너지는 무엇입니까? 나는 손을 듭니다. 무엇이 손을 들게 합니까? 이 저류는 무엇입니까? 우리가 그것을 알아차리지 못하는 까닭은 이름도 형상도 없기 때문입니다. 무엇이 마음으로 하여금 명상하게 합니까? 그것은 '공'이라고 불립니다.

그대에게는 어떤 방법도, 어떤 수행도, 어떤 개념도, 어떤 책도 필요가 없습니다. 어떤 길, 어떤 것, 어떤 수행도 그대를 그것으로부터 떠나게 할 것입니다. 어떤 행위도 그대를 그것으로부터 떠나게 할 뿐 그것을 향하게 하지 않습니다.

침묵을 찾으십시오. 침묵이 무엇입니까? 그것은 어디에서 나옵니까? 그대는 이 침묵과 어떻게 다릅니까?

보이는 것은 무엇이나 진리가 아닙니다. 사막에서 그대는 갈증을 느끼고 강의 신기루를 봅니다. 그대가 그것을 향해 다가갈수록 그것은 더 멀리 달아납니다. 그대는 결코 그 강에서 목을 축일 수 없습니다. 이것이 삼사라입니다. 그대는 갈증을 풀기를 원하고, 그래서 즐거움을 주는 대상을 향하여 다가가지만 아무 즐거움도 얻지 못합니다. 이것은 신기루일 뿐이며 강은 존재하지 않는다는 사실을 그대가 경험으로 알게 되면, 이 이해만으로 충분합니다. 그대는 이것들을 쫓아다니지 않을 것입니다. 그대는 지금 있는 곳에 머물 것입니다.

갈증을 풀기 위해 신기루를 쫓아가려는 것은 욕망의 일어남입니다. 사막에 있는 상상의 강들을 쫓아가는 사람은 아무도 행복하지 않습니다. 행복한 사람은 아무도 없습니다. 하나의 욕망은 다른 욕망으로 나아가게 합니다. "나는 만족한다."라고 말하는 사람이 어디에 있습니까?

그러므로 우리는 고통과 비탄 너머에 있는 것을 향해야 합니다. 겉으로 나타난 모습들은 무엇도 진실이 아닙니다. 그것들은 시작되기 이전에는 없었으며, 끝난 후에도 없을 것입니다. 하나의 욕망이 충족되면 잠시 행복합니다. 주의 깊게 관찰해 본다면, 그대에게 행복을 준 것은 대상이 아님을 알 수 있을 것입니다. 충족된 그 순간에는 욕망이 없고 그대의 마음은 비어 있습니다. 이 공이 그대에게 행복을 줍니다.

욕망과 삼사라 간에는 차이가 없습니다. 욕망이 없으면 삼사라도 없습니다. 온 세상이 욕망의 충족을 추구하고 있습니다. 그대가 어떤 체험을 했다면, 어느 정도 시간이 흐른 뒤, 그대는 아무것도 바라지 않을 것입니다. 그 완전한 상태를 '빛의 지혜(light wisdom)'라고 합니다. 자유 자체를 향한 욕망도 반드시 버려야 합니다. 이것이 마지막 욕망입니다. 그때 그대는 다른 어떤 곳으로 건너갈 것입니다. 그대는 자신이 모든 것임을 깨닫게 될 것입니다. 그렇다면 그대가 무엇을 바랄 수 있겠습니까?

스승님, 스승님의 은총으로 저의 모든 욕망들이 사라졌음을 봅니다. 저는 아무것도 하지 않았습니다. 그것들이 그냥 떠났습니다.

욕망들은 존재하지 않습니다. 그대가 본래 그대 자신인 지점에 닿으면, 그대는 충만함 자체입니다. 그대가 무엇을 바랄 수 있겠습니까?

오직 스승님을 뵙기 위해 다시 돌아오고 싶다는 바람뿐입니다.

## 제13장

# 깨달음

이제껏 말해지고 들리고 알려진 방향에 대해서는 누구나 잘 알고 있습니다. 나는 그대들을 여태 듣지도 못했고, 냄새 맡지도 못했고, 말해지지도 않았고, 생각하지도 못한 방향으로 데려가려고 합니다. 어떤 마음도 거기에 들어간 적이 없습니다. 마음은 빛을 대한 뒤 물러섭니다. 그 충격, 그대가 두려움이라고 부르는 것은 이 두려움입니다. 이륙은 두려움입니다. 일단 이륙하면 그대는 같은 활주로로 되돌아올 수 없습니다. 어디에 착륙하려합니까? 알고 있다면 말해 보십시오.

스승님께서는 우리를 공중으로 날려 보내시고는 그곳에 내버려두었습니다.

(웃으며) 그대는 머무를 수 없습니다. 어디에도 매달리지 마십시오, 심지어 공에도 매달리지 마십시오. 그대는 어떤 공항에도 내릴 수 없습니다. 왜냐하면 그대는 모든 것을 뒤로하고 떠났기 때문입니다. 생각할 수

도 없고 볼 수도 없고 상상할 수도 없는 것, 이것을 나는 공이라고 부릅니다. 공에서도 이륙하십시오. 공은 하나의 개념입니다. 자유도 하나의 개념입니다. 깨달음도 하나의 개념입니다. 그것들은 그대를 "나는 고통스럽다. 나는 속박되어 있다."라는 개념들로부터 이곳으로 데려왔습니다. 그대는 자유와 공이라는 개념들을 받아들여야 합니다. 나는 그대에게 그곳에서도 이륙하라고 조언합니다. 자유에서도, 깨달음에서도, 어떤 개념이든 그 모든 개념에서도 이륙하라고 조언합니다. 내일을 본 사람은 아무도 없습니다. 이 순간이 그 때입니다. 이 순간을 다음 날로 미루지 마십시오.

스승님과 대화를 나눈 후 저는 큰 감명을 받았고 자유를 향한 강렬한 열망을 느꼈습니다. 그 뒤 저는 온 세상이 자유를 원하고 있으며 모든 사람이 자유를 갈망하고 있다고 느꼈습니다. 자유는 저만을 위한 것이 아니며 저는 그저 그것의 한 표현일 뿐임을 알아차리니 위로가 되었습니다.

그래요, 훌륭합니다. 우리는 모두 근원으로 되돌아가고 있습니다. 그것은 한 개인의 문제가 아닙니다. 이 행성의 모든 존재들은 그대일 뿐입니다. 자유롭고 싶다는 이 생각은 모든 사람 안에 있으며 하나로 결합되어 있습니다. 한 사람이 자신을 자유롭게 하면 모두가 자유로워졌습니다. 이것을 어떻게 설명할까요?

그대가 잠을 자고 있는데, 꿈속에서 수많은 사람들이 해방을 열망하고 있다고 가정해 봅시다. 그들은 여러 가지 수행들과 훈련들을 하고 있습니다. 그대는 그들에게 자유가 무엇인지를 얘기하고 있습니다. 그대는 모든 사람에게 얘기하고 있습니다. 그때 어떤 사람이 그대에게 자유로워지는 방법을 묻습니다.

그가 자유에 관해 그대에게 질문하고 그대가 자유에 대해 얘기를 하고 있는데, 갑자기 그대는 잠에서 깨어납니다. 다른 사람들이 자유를 열망하고 있던 이 꿈에서 그대가 깨어날 때, 그대가 꿈속에 두고 온 사람들에게는 무슨 일이 일어납니까?

그들은 근원으로 되돌아갔습니다.

꿈에서 깨어났을 때 그대는 누구도 두고 오지 않았습니다. 속박된 채로 놓아두지 않았습니다. 속박되어 있다는 것은 상상에 지나지 않습니다. 모두가 자유롭습니다. 누가 자유롭지 않습니까? 속박되어 있다면 그들은 잠자고 있습니다. 그러면 그들 모두는 그대에게 투사됩니다. 꿈속에서는 자유를 열망하고 자유를 찾기 위해 노력하는 사람들이 많이 있습니다. 그대가 깨어날 때, 그들은 어디에 있습니까?

이것은 사실입니다. 이해하기가 매우 어렵겠지만 사실입니다. 아무도 묶여 있지 않습니다. 진실로 말하자면, 아무것도 창조되지 않았습니다.

모두가 근원 안에 있으며 자유롭습니다. 아무것도, 어느 누구도 근원 바깥에 있지 않습니다. 그들이 자유롭기 위해 근원을 벗어나 어디로 달려갈 수 있겠습니까?

누가 자유를 향하여 여행하고 있습니까? 이미 자유로운 존재가 여행하고 있습니다. "나는 몸이다. 근원에서 분리되어 있다."라는 개념만을 버리십시오. 그대는 늘 그대였던 것으로 되돌아옵니다. 이 여행은 그대를 집으로 데려다 줄 것입니다. 이 여행은 그대를 어떤 새로운 차원으로 밀어 넣지 않을 것입니다. 그대는 그대 아닌 것이 되거나 그대가 아닌 것을 얻을 수 없습니다. 그대는 이미 그대인 존재로 존재해야 합니다.

꿈에서 깨어나 보면, 아무것도 존재한 적이 없습니다! 이름과 형상이 있다면 아직 꿈꾸고 있는 것입니다. 이름과 형상이 있는 곳에는 실재가 아닌 기만이 있습니다. 깨어 있는 상태에서는 사람과 사람, 새와 바위 사이에 차이가 없습니다. 모두 하나의 존재입니다.

그대가 자유를 열망할 때, 온 우주가 그대와 함께 있습니다. 세상이 평화를 절실히 갈구할 때 세상을 돕는 최선의 방법은 어떤 생각도 없는 상태에 머무는 것입니다.

파파지, 은총을 받은 사람은 왜 사자처럼 거리낌 없이, 완전히 자유롭게, 숨김없이 있는 그대로 말하게 되는지 말씀해 주시겠습니까?

한계에 대한 두려움이 남아 있지 않기 때문입니다. 그대가 관련을 맺고 있는 것은 무엇이든 처음, 중간, 그리고 끝으로 묶여 있습니다. 그대가 초월할 때, 그것은 한계가 없고 마음의 경계 너머에 있습니다. 이제는 두려움이 없습니다. 이제 그대는 두려움 없이 반응할 수 있습니다. 그대는 순간순간 자연스럽게 반응합니다. 미래에 대한 상상이 없습니다. 그대는 현재 속에서 살고 있습니다. 그것이 자유롭게 사는 것입니다. 그러나 만약 그대가 사람이나 사물들과 관련되고 그래서 무엇을 잃지나 않을까 두려워한다면, 이것이 속박입니다.

스승님께서는 두려움이란 결코 얻은 적이 없는 것을 잃을까 봐 두려워하는 것이라고 말씀하십니다. 이해가 되지 않습니다.

두려움은 늘 과거의 것입니다. 예전에 어떤 사람이 이 말에 이의를 제기하며 말했습니다. "여기를 나가서 경찰관을 보게 되면, 저는 두려움을 느낍니다. 이 두려움은 이 순간에 있습니다. 따라서 현재의 두려움입니다."

그러나 나는 이 경찰관이 이미 기억 속에 자리 잡고 있었다고 말합니다. 이 경찰관을 보는 순간, 그대는 자신을 두렵게 했던 기억 속의 경찰관에게로 돌아갑니다. 과거의 그 경찰관이 이 경찰관이 되었습니다.

또한 두려움은 이 순간에 있지만 그것은 다음 순간에 대한 두려움입니다. 경찰관이 와서 나를 잡아가지 않을까? 이것은 이제 과거에 기초한 미래입니다. 과거와 미래 사이에는 아무런 차이가 없습니다. 미래의 토대는 과거입니다.

우리가 현재 이 순간을 사는 것에 대하여 얘기할 때 그것은 과거, 미래와 관련된 현재가 아닙니다. 그러나 마땅히 대체할 다른 말이 없습니다. 그러니 현재라는 말도 붙잡지 마십시오. 현재라는 개념도 넘어서야 합니다.

이름과 형상을 넘어서십시오. 빛도 넘어서십시오. 그때에야 그대는 현재도 넘어설 것입니다.

시간은 마음입니다. 두려움은 시간입니다. 두려움이 있을 때마다 거기에는 시간이 있습니다. 우리가 얘기하는 것은 시간도, 마음도, 두려움도 아닙니다. 시간을 만지지 말고, 마음을 만지지 말고, 두려움을 만지지 마십시오. 두려움은 이원 안에만 존재합니다. 둘이 있는 곳에 두려움이 있습니다. 그대가 자기 자신일 때는 두려움이 없으며 그대는 홀로임입니다. 아무것도 만지지 마십시오. 시간은 그대를 건드리지 못하고, 마음도 건드리지 못하고, 두려움도 건드리지 못합니다. 그대는 이 모든 것 너머에 존재합니다.

이 모든 것은 개념들입니다. 이해가 두려움을 없앱니다. 일원의 지혜가 이원을 없앱니다. 이원은 꿈꾸는 동안에만 존재합니다. 그대가 깨어나면, 아무것도 존재한 적이 없습니다. 그것이 완전한 자유입니다.

이 찰나의 시간은 시간이라는 개념 너머에 존재합니다. 그래서 질문들이 사라집니다. 그곳이 그대의 집이고 마지막 거처입니다. 그곳에서는 아무것도 나타나지 않습니다. 아무것도 그것에 닿을 수 없습니다.

이것이 알려지지 않은 것, 비어 있는 것에 대한 지식입니다. 아무것도 거기에 없습니다. 부족한 것도 없고, 필요한 것도 없고, 욕망도 없습니다. 이것이 평화입니다. 이것이 그대 자신의 나입니다.

그대는 그것에 이르거나 그것을 이루거나 얻을 필요가 없습니다. 어떤 사람, 어떤 신 혹은 어떤 창조자가 설명한 그 어떤 방법으로도……. 그곳에 이르는 데는 노력이 들지 않습니다. 자신이 누구인지를 아는 것처럼 쉬운 일은 없습니다. 자유를 찾기 위해 여행할 필요가 없습니다. 그대는 이미 자유롭습니다.

버릴 수 있는 것은 무엇이든 다 버리십시오. 이 말까지도 버리십시오. 그러면 무엇이 남습니까?

어떤 단어나 말도 받아들이지 마십시오. 내가 하는 모든 말은 내가 표현할 수 없는 미지의 것을 가리키는 손가락입니다. 내 말을 버리십시오. 그러면 그대는 눈앞에 있는 그것을 보게 될 것입니다.

저는 무엇인가를 놓치고 있다는, 제가 얻지 못한 어떤 것이 더 있다는 욕심에 사로잡혀 있습니다.

이 욕심을 환영하십시오. 이 욕심은 어떤 대상에도 집착하지 않을 것입니다. 그것은 측정할 수 없는 존재를 재 보려고 갈망하는 욕심입니다. 이 일은 생애의 마지막까지 계속될 수 있고, 그대는 기쁘게 이 일을 할 것입니다. 이것은 무엇을 얻으려는 것이 아니라 더욱 깊은 평화를 찾기 위해 행해지는 것입니다. 이 일을 계속해도 괜찮습니다. 아무 문제도 없습니다. 그대는 여기에서 벗어날 수 없습니다. 그 일은 늘 남아 있을 것입니다. 이것은 평화 자체입니다.

참된 평화를 누릴 때, 그대는 더 깊은 평화가 있는지 알아보고 싶어질 것입니다. 이것은 나를 향하는 것이지 바깥쪽을 향하는 것이 아닙니다. 이 사랑과 관계를 맺는다면 그대는 늘 더욱 사랑하고 싶어 할 것입니다. 그것은 알 수 없는 것을 향한 끝없는 탐구입니다.

나는 그대에게 그만두라고 조언하지 않습니다. 이 행위는 무위를 향합니다. 그것은 무위 안에 있는 행위입니다. 오직 기쁨만이 있을 것입니다.

처음에도, 중간에도, 그리고 끝에도. 이 기쁨은 그대의 성품입니다. 그것은 다른 무엇을 찾는 것이 아닙니다.

# 제14장
# 스승

밧줄을 보여 주는 사람과는 어떻게 관계해야 합니까?

이것은 달을 가리키는 손가락입니다. 손가락만 본다면 그대는 달을 놓칠 것입니다.

뱀과 밧줄을 구별해 주는 사람과 함께 걷고 싶은 욕망이 일어날 때가 있습니다.

그대는 혼자 가야 합니다. 오로지 혼자서. 그대를 도와줄 사람은 아무도 없습니다. 이 길은 다른 사람이 그대를 인도할 수 있는 정해진 길이 아닙니다. 그대에게는 어떤 도움도 필요치 않으며 정해진 길도 없습니다. 사람들이 앞서 지나간 길들은 모두 과거입니다. 그러므로 넓은 길이든 좁은 길이든 모든 길을 버리십시오. 안내해 줄 사람도 찾지 마십시오. 정해진 길들은 모두 과거와 미래의 상상일 뿐입니다. 과거와 미래의 모든 상상을 버리십시오. 그때 그대는 어디에 머무르겠습니까?

해를 입히는 스승들을 어떻게 보십니까?

두 가지 부류가 있습니다. 그대는 얼마나 많은 양, 얼마나 많은 염소, 얼마나 많은 돼지와 물소를 보았습니까? 이것이 한 부류입니다. 여기 인도에서 여행을 하면서 그대는 얼마나 많은 사자를 보았습니까? 이것이 다른 부류입니다. 양들이 있으면 목자들도 있을 것입니다. 얼마나 많은 사자들이 무리 지어 있었습니까?

스승에게 복종하는 것은 자아와 개인적 욕망을 다스리는 한 방법입니까?

그렇습니다. 그것은 전통이 제시하는 처방전입니다. 자아를 물리치고 싶다면 스승에게 복종해야 합니다. 그런데 이 스승은 다름 아닌 그대의 나입니다. 그대는 그대가 찾고 있는 그것에 복종해야만 합니다.

그러나 진정한 스승은 누구에게서도 복종을 기대하지 않습니다!

그대에게 자아가 있다면, 자아는 더 높은 권위자에게 복종하기 위해

밑으로 내려와야 합니다. 그러나 그대에게 자아가 없다면 누구에게도 복종할 필요가 없습니다. 이 괴물을 없애기 위해 도움을 받아야 한다면, 그대는 이 자아를 처리해 줄 더 높은 권위자에게로 가야 합니다. 그대에게 자아가 없다면 스승이 필요 없습니다. 스승은 그대 자신의 나이어야 합니다.

그러나 그대가 이 질문을 할 때, 나는 그대가 스승이 아니라 설교자에 대해 언급하고 있다고 생각합니다. 스승은 깨달은 존재이며 다른 사람을 깨닫게 할 수 있습니다. 초에 촛불이 켜져 있다면, 이 촛불에 닿은 다른 초도 역시 촛불이 켜질 것입니다. 스승이 그대에게 깨달음을 주지 않는다면 그 사람은 설교자이지 스승이 아닙니다.

오늘날에는 스승을 발견하기가 무척 어렵습니다. 대부분은 설교자들입니다. 진정한 스승에게는 가르침이 없습니다. 그는 그대가 스승과, 나와 다르지 않다는 사실을 알려줄 뿐입니다. 그대는 이미 그것입니다. 가르칠 것이 어디에 있겠습니까? 스승은 그대가 이미 그것이라고 말합니다. 스승은 그대가 이미 그것임을 알게 해 주어 어디에서도 어느 것도 구하지 않도록 해 줄 수 있어야 합니다. 그대는 이미 그것입니다! 그대는 이미 자유롭습니다! 스승도 없고, 가르침도 없고, 제자도 없습니다. 이것이 궁극의 진리입니다.

차이들이 많은 이 꿈속에서, 왜 어떤 사람들은 나성품을 전수할 수 있는 힘을 지니고 있고 다른 사람들은 그렇지 않은 것으로 보입니까?

누구 쪽에서 보는 차이입니까? 전수하는 사람입니까, 전수받는 사람입니까?

제가 여기로 와서 스승님과 함께 앉아 있으면 무엇인가를 느낍니다. 하지만 사람들이 저와 함께 앉아 있으면 아무것도 느끼지 못할 것입니다.

그대가 전수 능력이 있다고 말하는 사람은 비어 있습니다. 그의 마음은 비어 있습니다. 불이 있는 곳에는 열이 있기 마련입니다. 그러나 불은 자신이 뜨거운지 알지 못합니다. 마음이 비어 있는 사람에게로 가까이 다가가는 사람은 욕망이 채워질 것입니다. 그는 모를지도 모릅니다. 그가 안다면 그렇게 되지 않을 것입니다. 욕망은 오직 욕망이 없는 사람의 현존 안에서만 충족될 것입니다.

스승님은 칼날에 대해 말씀하십니다. 하지만 우리가 정말로 이 칼날 위에서 미끄러질 수는 없을 것입니다. 그것은 실제로는 그냥 한 생각이니까요. 그렇지 않은가요?

대단히 예리한 생각입니다! 몹시 좁습니다. 둘이 나란히 걸을 수는 없습니다. 균형을 잃으면 칼날에 베일 것입니다. 그대가 칼날 위를 걷고 있다면 마음이 하나로 모아져 있어야 합니다. 두 마음 사이에 있으면 안 됩니다. 그것을 중단하면 베일 것입니다. 이것은 그대를 어디로도 데려가지 않는 방향입니다. 이것은 한 생각이며, 여기에서 두 생각은 함께 갈 수 없습니다. 날카로운 칼인 그 생각은 할 일을 마치면 사라집니다. 이것은 그대를 불멸로 안내할 것입니다.

다른 생각들을 다 버리고 이것 위를 걷겠다고 하는 결심을 환영하십시오. 누가 이 칼날 위를 걸을 것입니까? 그렇게 하려는 사람은 매우 적습니다.

칼날은 한 생각도 일어나지 못하게 합니다. 이것이 칼날입니다. 걸어보십시오. 생각 없음은 그대를 공으로 안내할 것입니다. 이해나 논쟁으로 하지 말고, 그것으로 존재함으로써, 공 속으로 자신을 내던짐으로써 그렇게 하십시오. 정말로 그렇게 하십시오. 이해나 개념으로 하지 말고 지금 당장 공 속으로 뛰어들어감으로써 그렇게 하십시오! 이 속으로 뛰어들면, 그대는 진리를 말하지 않을 수 없습니다. 즉시 그대는 자유로워집니다. 이 자유를 미루지 마십시오. 미래를 위한 어떤 계획도 세우지 마십시오. 그러면 이 일이 일어날 것입니다. 계획은 마음의 속임수입니다. "나중에 조용한 곳에 가서 그렇게 해야겠다."라는 생각이 일어납니다. 시간은 미룸을 뜻합니다.

구루가 죽을 때는 무슨 일이 일어납니까?

구루(Guru)는 결코 죽지 않습니다. 구루는 내면에 있는 그대 자신의 나입니다. 그대는 그를 바깥에서 찾고 있습니다. 그래서 나는 은총으로 모습을 취하고 '바깥에 있는 구루'로 나타나 그대에게 "나는 그대 안에 있다."라고 말합니다. 이것이 구루에 관한 요점입니다. 그대 자신을 신뢰하고 내면을 바라보십시오. 구루는 어둠을 물리치는 존재입니다. 구루라는 말은 '어둠을 물리치는 자, 무지를 물리치는 자'라는 뜻입니다.

우리가 동일한 연속체의 부분이라는 것을 알아차릴 때가 가끔 있습니다.

그렇습니다. 그것은 존재입니다. 보는 것이 아닙니다. 존재입니다. 차이가 없습니다.

너무나 많은 사랑을 느끼고 있는데도 왜 두려워지는지 모르겠습니다.

그것은 그대가 전에는 맛보지 못했던 너무나 큰 즐거움, 행복 및 자유에 대한 두려움입니다. 그것은 그대가 전에는 보거나 들어보지 못한 생소한 맛, 생소한 사랑과 아름다움입니다. 그래서 마음은 이 새로운 환경에 불편을 느껴 이전으로 되돌아갑니다. 이것을 '닫힘'이라고 합니다. 그러나 그것은 어떤 맛도 함께 가져옵니다. 비록 가슴이 닫혀 있는 것처럼 보이지만 그 맛은 충분합니다. 그대는 가슴이 닫혀 있는 것 같다고 알고 있지만, 실제로는 열려있습니다. 만약 가슴이 닫혀 있다면, 그대는 그것이 닫혀 있는 것 같음을 알지 못할 것입니다. 그대는 열린 가슴 안에서 말하고 있습니다. "제 가슴이 닫혀 있는 것 같습니다."라는 그대의 말은 "전에는 제 가슴이 닫혀 있었습니다."라는 뜻입니다.

자유로운 존재는 항상 부드럽고, 열린 느낌을 갖고 있을 것이라는 생각이 떠나질 않습니다.

닫히고 열리려면 문이 있어야 합니다. 그러나 문은 없습니다. 오직 상상일 뿐입니다. 문이나 자물쇠가 있는지 찾아보십시오. 문이 없다면 어떻게 그것이 닫힐 수 있겠습니까?

두려움이나 생각이 문입니다.

그렇습니다. 실재가 아니라 상상입니다. 가상의 문을 어떻게 없애겠습니까? 아무도 그대에게 알려줄 수 없습니다. 방법이 없습니다. 그대의 상상일 뿐입니다.

긴장의 느낌에 대해서는 어떻게 보십니까?

저녁에 그대는 뱀을 봅니다. 뱀을 보면 두려움이 마음속에서 어떻게 일어납니까? 이 두려움을 어떻게 없앱니까? 그대는 뱀을 치기 위해 막대기나 돌멩이를 찾거나, 아니면 쏘아 버리기 위해 총을 꺼냅니다. 그렇지 않습니까? 이 모든 일은 뱀을 봄으로써 일어납니다. 맞은편에서 오던 사람이 말합니다. "지금 뭘 하고 있습니까? 왜 가지 않습니까? 그것은 밧줄일 뿐입니다."

그러니 뱀을 자세히 보십시오. 두려움, 안전, 막대기, 돌, 총, 움직임이 멈춥니다. 그대는 앞으로 가려 하지 않습니다. 어떤 사람이 그대에게 그것은 밧줄이라고 말합니다. 가슴이 어떻게 열립니까? 두려움이 어떻게 사라졌습니까? 뱀이 어떻게 사라졌습니까?

위축되거나 매이는 습성이 일어날 때는 "아니, 난 매이고 싶지 않아."라는 생각이 있습니다. 그 뒤 안과 바깥이라는 개념 때문에 자유가 완전하지 않다는 생각이 일어납니다.

어떤 사람들은 몸이 다하는 마지막 순간까지 그 생각을 간직하고 싶어 합니다. 지금 자유로울 수도 있고, 몸이 다한 뒤에야 자유로울 수도 있습니다. 지금 여기의 해방과 몸이 다한 뒤의 해방, 이 둘은 같습니다. 자유를 미루지 마십시오.

스승님과 삿상을 하는 하루하루는 마치 희열에 넘치는 생애 같습니다.

그대에게 '삿상'(Satsang)의 뜻을 말해 주겠습니다. '상가'(sanga)는 함께 함입니다. '삿'(Sat)은 나입니다. 따라서 '삿상'은 나와 함께 한다는 뜻입니다. 나와 함께 하는 것이 궁극의 삿상입니다.

그대가 이처럼 함께 하기 위하여 나를 찾아보아도 어디에 있는지 모르겠다면, 나를 깨달은 스승을 찾아가십시오. 이것은 그대가 할 수 있는 차선책입니다.

침묵하십시오. 생각할 것이 없습니다. 침묵. 오직 고요하십시오. 고요 속에서, 침묵 속에서, 나가 저절로 나타날 것입니다. 이것이 최고의 삿상입니다. 만약 그대 자신의 나를 확신하지 못하겠거든 다른 사람을 찾아가십시오. 다행히 그대가 정직하다면, 진실하고 진지하다면, 이 나가 그대를 어디론가 데려갈 것입니다, 그곳에서 그대는 "나는 그대 자신의 나다."라고 말해 줄 동일한 나를 만날 것입니다.

헌신자들에게 모든 것을 포기하고 복종해야 한다고 말하는 구루들이 많습니다. 사람들은 종종 직업까지 버리고 구루에게 복종합니다. 그들은 꿈속의 세상에서 살고 있음을 알고서 꿈보다 더 위대한 어떤 것에 복종하고자 합니다.

양치는 사람들은 사람들에게 이렇게 하라고 시킵니다.

양치는 사람들이라니요?

양치는 사람들이란 종교 지도자들을 말합니다. 양치는 사람들은 모든 양을 모읍니다. 양들만 모일 뿐, 사자들은 모이지 않습니다.

어떤 영적 스승들은 구도자들에게 복종해야 한다고, 모든 것을 버리고 스승을 따라야 한다고 강력히 얘기합니다.

양치는 사람들이 "내게 오라. 내가 너희에게 안식을 주겠다."라고 말할 때, 이것은 공연한 소란을 일으킵니다. 이런 포기는 믿을 만한 가치가 없습니다. 그것은 이제껏 누구에게도 도움을 주지 못했습니다. 수백만 년이라도 시간의 매순간은 한 생각입니다. 이 순간의 시간은 비어 있습니다. 아무것도 존재하지 않지만, 그럼에도 아무것도 존재하지 않는 것은 아닙니다. 내가 거듭거듭 얘기하는 것은 이 공입니다.

무엇이 복종입니까?

스승들은 복종을 잘못 해석하고 있습니다. 복종이란 “나는 묶여 있다.”라는 개념을 버리는 것입니다. 이것이 복종입니다. “나는 묶여 있다.”라는 잘못된 개념이 복종으로 바뀌면, 무엇을 내어 주어야 할 것인지에 대해 말할 것이 없습니다.

우리는 지금까지 한계 안에서 편안했습니다. 그래서 무한한 것에 이르려 하지 않습니다. 어떤 사람이 우리에게 제한을 가해 오면 우리는 군말없이 받아들입니다. 그대가 이루고 싶어 하는 것들은 모두 한정된 것입니다. 그러나 그대는 무한을 바랄 필요가 없습니다. 그대는 이미 그것이기 때문입니다.

그대는 경계를 짓습니다. “나는 자유가 필요하다.”라는 생각은 그대와 자유 사이에 벽을 짓는 것입니다. 그대와 자유 사이에 벽이 있다는 개념을 버리십시오. 그러면 무슨 일이 일어납니까? 이 벽은 상상입니다. 그대는 벽이라는 쓰레기를 버릴 필요도 없습니다. 그대가 이 벽을, 존재하지도 않는 이것을 제거한다면, 무슨 일이 일어납니까?

스승님께서는 아무것도 없애지 않으셨습니다.

그러면 그대는 누구였고, 누구이며, 누구일 것입니까?

풉자님은 사람들의 체험을 대단히 긍정적으로 본다고들 얘기합니다. 무엇인가를 맛보는 체험을 매우 긍정적으로 보는 것이 쓸모가 있습니까?

반응할 때 나는 완전히 비어 있습니다. 나는 질문에 대한 대답을 찾지 않습니다. 나는 생각 없이 그냥 비어 있습니다. 진행되고 있는 것들에 관심이 없습니다. 대답은 풉자가 아니라 공에서 나옵니다. 그때 풉자에게는 아무 내용도 없습니다. 이 학생은 내 관심사가 아닙니다. 풉자는 질문을 받지 않습니다. 질문이 누구에게로 갑니까? 풉자는 어느 누구에게도 자유를 줄 수 없습니다. 질문은 알려지지 않은 그것에게로 갑니다.

이것은 가르침 없는 가르침입니다.

그렇습니다. 이것은 가르침 없는 가르침입니다. 나머지는 설교입니다. 스승에게는 자신의 가르침이 없습니다. 스승은 떠밀려서 말하며, 말해진 것에 대해서는 아무런 책임이 없습니다. 그저 자유로운 사람으로, 순결하고 비어 있는 사람으로 사십시오. 이것이 어느 누가 다른 사람에게 주어야 하는 최선의 가르침입니다. 절대적 고요로 앉으십시오. 생각을 일으키지 마십시오. 이 가르침은 아무도 버릴 수 없고 또 모두에게 혜택을 줄 수 있는 최선의 가르침입니다.

스승님, 저는 한 달 동안 떠나 있다가 이제 스승님의 발아래로 돌아왔습니다. 저는 이 모든 것이 꿈이며 실제로는 떠난 적이 없음을 압니다. 그런데도 왜 스승님이 계시는 곳으로 돌아오면 더없는 기쁨과 희열, 넘쳐흐르는 사랑을 느끼게 됩니까?

우리는 여기, 강가(Ganga)의 강변에 앉아 있습니다. 그대는 여기에서 강이 요란한 소리를 내면서 세차게 흐르는 것을, 바다를 향해 줄기차게 흘러가는 것을 봅니다. 벵골 만에서는 바다가 강을 맞으러 올라옵니다. 바다는 올라와서 강가의 모습을 취합니다. 그리고 그들은 서로 섞입니다. 어느 것이 강이고 어느 것이 바다인지 누가 구분할 수 있겠습니까? 그 뒤에는 고요만이 남습니다.

스승님께 깊이 감사드립니다.

왜 나에게 감사합니까? 내가 그대에게 무엇을 주었습니까? 우리는 무엇인가를 주고받을 때 감사하다고 말합니다.

이제는 그것이 선명합니다. 이제는 그것을 볼 수 있습니다.

이제 그대는 그것을 볼 수 있습니다. 그대는 나의 눈을 빌려서 보지 않았습니다. 그 눈은 그대의 것입니다. 보이는 것 또한 그대의 것입니다.

두려움이 사라졌습니다. 두려움이 사라졌습니다. 말을 꺼내기가 두려웠는데 그 두려움도 함께 사라졌습니다.

아.

벌써 몇 번이나 말씀드리고 싶었습니다. 그런데 이제 더 질문할 것이 없습니다.

훌륭하군요. 좋습니다. 고맙습니다.

스승님께서는 수많은 것들로부터 우리를 해방하셨습니다.

그래. '그대들'의 것들입니다.

나는 행복합니다. 그대들은 모두 승리하여 집으로 돌아가고 있습니다. 나는 늘 그대들을 찾아갔습니다. 이제는 내 나이 여든 살이 되었습니다. 그래서 더 이상 그대들을 찾아갈 수 없습니다. 그대들에게 여기까지 오도록 수고를 끼쳐 미안합니다.

"내가 죽은 뒤 나는 디딜 발판이 없는 가르침을 남길 것이다."라고 말씀하셨다는 것이 사실입니까?

왜 내가 죽은 뒤를 기다립니까? (웃음)

하늘을 나는 새가 지나간 흔적을 남기지 않듯이 진정한 가르침은 기억 속에 흔적을 남기지 않습니다. 가르침에는 스승도 없고 제자도 없어야 합니다. 과거나 기억이나 개념에서 나오는 가르침은 설교지 가르침이 아닙니다. 이 가르침은 존재한 적이 없습니다. (미소를 지으며 방 안을 둘러본다.) 앞으로도 존재하지 않을 것입니다. (잠시 멈추었다가 웃음을 터뜨린다.) 그리고 지금도 존재하지 않습니다.

우주의 모든 존재들에게 평화와 사랑이 있어라.
평화가 있어라. 평화가 있어라.
옴 샨티, 샨티, 샨티!

# 슈리 푼자의 삶

슈리 H.W.L. 푼자는 1910년 10월 13일, 지금은 파키스탄 지역인 펀잡 서부 지방의 파이살라바드에서 브람만 계급인 아버지 파르마 난다와 어머니 야무나 데비의 9자녀 중 맏이로 태어났다. 아버지의 가계는 전통적으로 판디트였다. 그러나 그의 아버지는 시골 역장의 길을 택했다. 그 당시의 전통에 따라 그의 어머니는 리얄푸르에서 약 50마일 떨어진 그녀의 고향인 작은 마을 무랄리왈리로 가서 아들을 낳았다. 그의 외삼촌인 라마티르트타도 이곳에서 태어났다. 아버 지가 시골 역장이었던 연고로 이동이 잦았기에 그의 첫 6년은 어머니의 고향에서 주로 살았다. 나중에 아버지는 리얄푸르에 집을 장만하였다. 그곳에서 인도와 파키스탄으로 분할된 1947년까지 보냈다. 슈리 푼자의 부모님은 독실한 힌두교인이었다. 열렬한 크리슈나 헌신자인 그의 어머니는 인도의 성자 중 한 사람인 스와미 라마 띠르타의 누이였다. 그녀는 자신의 집에 동네 부인들을 오게 하고는 바잔을 열기도 하였다. 많은 사람들이 그녀의 헌가를 듣기 위해 집에 모이곤 했다. 반면에 아버지는 '제이 시타람'이라는 자파에 몰두하였다.

슈리 푼자에게 매우 중요한 사건이 되는, 최초의 놀라운 사마디의 경험은 여덟 살 때 일어났다. 1919년 영국은 제1차 세계대전에서 승리하게 되자, 학생들에게 한 달간의 방학을 주었다. 승전 축하에 참여할 수 있도록 하기 위해서였다. 그의 어머니는 이 예정에 없는 방학을 라호르에 있는 친지를 방문할 좋은 기회라 생각했다. 때는 여름이었고 망고가 제철을 만나 풍성하였다.

어느 날 저녁, 모두 라호르의 친척집에 앉아 있을 때, 누군가가 망고와 우유 및 아몬드가 든 음료를 준비하기 시작했다. 그것은 그 또래의 아이들에게는 군침이 도는 음료였다. 그 음료가 컵 가득한 상태로 그에게 건네졌을 때, 그는 손을 내밀어 받을 수 없었다. 그것을 원치 않아서가 아니었다. 그때 그는 너무나 평화롭고 행복하게 만든 그 경험에 압도되어 있었기 때문이었다. 모두들 크게 놀라고 당황하였다. 그래서 그를 원래의 상태로 돌려놓으려고 했다. 그는 눈을 감은 상태로 있었다. 그러나 주위에서 일어나는 모든 말들을 들을 수 있었고 또 모든 일들을 선명히 자각할 수 있었다. 나만 그 어떤 신체적 반응도 전혀 할 수가 없었다. 체험이 워낙 압도적이어서 그 어떤 외부 자극에 반응할 능력이 마비된 것이었다. 이틀 동안 그는 그 평화롭고 희열과 행복이 넘치는 상태에 머물렀다.

그가 깨어나자, 열렬한 크리슈나 헌신자인 그의 어머니는 그것이 마비가 아니라 신비적 경험이라는 것을 알았다. 그래서 "크리슈나를 보았니?"라고 물었다. "아뇨, 제가 말할 수 있는 것은 아주 행복했다는 것뿐이에요."라고 그는 대답했다. 그는 그가 무슨 체험을 했는지, 무엇이 그런 강렬하면서도 몸을 마비시키는 행복 속으로 갑자기 끌고 갔는지 알지 못하였다. 어머니가 자꾸 묻자 그는 "엄청난 행복, 엄청난 평화, 엄청난 아름다움이 있었어요. 그 이상은 말할 수 없어요."라고 대답했다. 여러 해가 지난 뒤에야, 그는 그때 자신에게 일어났던 일이 어떤 것인지 완전히 이해하게 되었다. 그것은 경험이 아니었다. 경험이 일어나려면 경험하는 자와 경험의 대상이 있어야만 한다. 그러나 그것은 그러한 것이 아니었다. 무엇인가가 그를 안으로 당겨 버렸다. 여하튼 그 결과는 그 당시에 그가 행복하였다는 것이었다.

그는 친척집에서 리얄푸르로 돌아와 다시 학교에 나갔다. 그러나 항상 마음속에는 "나에게 행복을 준 이것이 무엇인가?"라는 생각이 늘 일어났다. 이 행복은 그를 그것 자체에게로 끌어당겼다. 그의 집에는 큰 정원이 있었는데 거기에는 오렌지 나무숲도 있었다. 그는 자주 그 숲 뒤에 앉곤 하였다.

그러나 그의 어머니는 아들에게 일어난 일이 궁금하였다. 종이 위에 아기 모습의 크리슈나를 그리고는 그것을 그에게 보여 주면서 이것을 보았느냐고 물었다. 그는 아니라고 대답했다. 그러나 그의 어머니는 그 행복이 크리슈나와의 접촉에서 왔다고 확신하였다. 그래서 그녀는 그가 크리슈나의 헌신자가 되길 바랐다. 크리슈나를 명상하고 크리슈나의 이름을 부르길 바랐다. 어머니는 그에게 크리슈나 숭배와 관련이 있는 여러 의식과 수행법들을 가르쳤다. 그러자 오래지 않아서 그에게 크리슈나의 형상에 대한 강렬하고도 열정적인 사랑이 일어나기 시작하였다.

그 강렬한 박티의 결과로 그림에서 본 모습의 크리슈나가 그 앞에 나타나기 시작하였다. 그 시점에 그는 크리슈나를 신으로 생각하기보다는 그냥 친구로서 사랑하였다. 그러자 크리슈나가 친구의 모습으로 와서 그와 더불어 놀았다. 크리슈나가 올 때면 그의 방이 밝은 빛으로 가득 차기도 하였다. 크리슈나는 밤에 정기적으로 나타났다. 그와 놀다가 침대에서 자려하기도 하였다. 그러나 그는 그 당시에는 이분이 힌두교의 위대한 신이라는 사실을 몰랐다. 이 신의 희미한 모습이라고 보려고 얼마나 많은 사람들이 온 생애를 보내고 있는가…….

크리슈나는 인간의 모습으로 오기도 하였고, 미묘한 모습으로 오기도 하였다. 그는 그를 보지 않으려고 담요를 뒤집어쓰고도 그를 볼 수 있었다. 눈을 감아도 보였다. 잠자는 것을 방해하기도 하였다. 다소 귀찮기도 하여 어머니에게 가보라고도 하였다. 그러나 크리슈나는 어머니에게는 관심이 없는 듯하였다. 그는 그것을 비전이라고는 생각하지 않았다. 왜냐하면 그가 크리슈나에게 사랑한다고 엽서를 보내면 우체국 소인이 찍힌 우편물이 배달부를 통해 그에게 오기도 하였기 때문이다.

크리슈나가 나타나기 시작한 이후로 그는 학교 공부에 더욱 관심이 없어졌다. 그가 교실에 앉아 있어도 그의 마음과 가슴은 크리슈나의 모습에 젖어 들었다. 희열의 물결이 내면에서 물결칠 때면, 그는 자신을 그 경험에 맡겨 외부 세상과의 접촉을 잃곤 하였다. 그는 온 밤을 명상으로 보내기도 하였다. 그럴 때면 빛의 홍수를 보기도 하였다. 깊은 명상에 들어갈 때는 다른 사람과 의사소통도 불가능하였다. 먹지도 자지도 않은 채, 그는 내적 평화를 즐기며 앉아 있었다.

그의 어머니는 크리슈나에 대한 박티의 길 이외에도 베단타를 배우고 있었다. 그녀는 유명한 베단타 스승을 여럿 두어 그는 어머니와 함께 베단타를 배우는 곳에 참석하곤 하였다. 그때는 아마 일곱 살이었을 것이다. 그 경전들의 의미를 이해한다는 것은 어려웠을 것이지만, 그는 열심히 배웠다. 어머니는 자신의 아들이 베단타에 관심을 보인다는 것을 확인하고는 집에서 그에게 베단타를 가르치기도 하였다. 그녀는 베단타의 유명한 많은 시행들을 암송할 수도 있었다.

"나는 브람만이다. 온 우주에 브람만 이외에는 아무것도 존재하지 않는다. 그대는 그것이다."라고 읊기도 하였다. 그가 여덟 살 때 체험한, 매혹적인 망고 음료수를 앞에 두고 일어났던 신비스러운 경험은 그를 붓다의 삶에 대한 관심으로 나아가게 하였다.

열세 살 때쯤에 그는 학교의 역사책에 나오는 붓다를 보았다. 뼈만 앙상한 모습이었지만 너무나 아름답게 보였다. 그는 깨달음을 얻기 위해 집을 나섰던 붓다에게 이끌렸다. 처음에 슈리 푼자는 붓다의 신체적 형상에 더 매력을 느꼈다. 그래서 그는 붓다를 흉내 내어보기로 결심했다. 그는 명상을 어떻게 하는지는 몰랐지만 그림에서 본 명상 자세를 취하고 장미넝쿨 아래 앉았다. "나도 저 분처럼 될 수 있어. 나를 사랑에 빠지게 한 저분처럼 살고 싶어."라고 생각하며 행복해하고 만족해했다. 그는 붓다와 더욱 비슷해지고 싶어서 자신의 몸을 해골처럼 만들기도 하였다. 또 책에는 붓다가 주황색 옷을 입고 발우를 든 채 집집마다 다니며 음식을 탁발했다는 이야기가 있었다.

어머니의 스승들 중 한 분은 슈리 푼자를 소중하게 여겨, 그에게 영적 장서가 풍부한 지방 대여도서관에서 영적 책들을 구해 읽도록 조언했다. 그는 그 자신에게 일어난 것에 대하여 더 나은 이해를 얻고 싶어 하였다. 그는 베단타와 힌두 성자들에 관한 책을 읽기 시작하였다. 그는 여기서 《요가 바시슈타》를 만나게 되었다. 그는 그 책을 사랑하였다. 도서관 직원은 푼자가 보통 수준 이상의 영적 책들을 읽는 것을 걱정하였다. 그가 외삼촌이면서 성자인 스와미 라마 티르타의 책을 읽을 때엔 그의 어머니와 심각하게 상의한 적도 있었다. 스와미 라마 티르타는 말년을 히말라야에서 보냈으며 그곳에서 짧은 일생을 마쳤다.

또 그는 비베카난다의 저서들도 접하게 되었다. 이 스승들은 베단타의 저서들과 그 가르침들을 서구에 전하는 데 모든 힘을 바친 사람들이다. 인도 안에서도 그들은 영적 성취에 있어서 이름이 알려져 있는 사람들이다. 이들이 슈리 푼자의 초기의 역할 모델이었다. 슈리 푼자의 외가 가문에서 가장 유명하였던 분은 라마 티르타였다.

슈리 푼자의 또 다른 특별한 영적 경험은 16세 때에 일어났다. 스와미 다야난다는 그들 자신의 문화와 역사에 학생들을 접하게 해야 하겠다는 운동으로 앵글로 베딕 기숙학교를 세웠다. 슈리 푼자는 그 학교에 다니고 있었다. 매일 아침 학생들은 운동장에 반원을 그리고 앉아 기도를 했다. 이 기도는 항상 '옴 샨티 샨티 샨티'라는 말로 끝났다. 기도가 끝나면 '옴' 자가 인쇄된 깃발이 운동장에 있는 깃대에 올라갔다. 그때 학생들은 "다르마에 승리를! 조국 인도에 승리를! 스와미 다야난다에 승리를!" 하고 외치며 힘차게 뛰어올랐다.

어느 날 아침, 슈리 푼자는 기도의 끝에 나오는 "옴 샨티 샨티 샨티"라는 말에 온몸이 마비되었다. 그것은 8살 때 건네주는 망고 음료를 받을 수 없었던 것과 같은 감각의 마비상태였다. 그는 주위에서 일어나는 모든 일들을 선명히 감지할 수 있었지만 신체적 반응은 전혀 할 수 없었다. 거기에는 다만 내면의 큰 평화와 행복감만이 존재했다. 학생들은 그러한 상태에 들어간 그를 두고 장난으로 장례 행사를 치렀다. 그들은 그의 몸을 그들의 어깨 위에 올리고는 화장터로 가져갔다. 그러고 난 뒤 그의 집 침대 위에 내려놓았다. 그동안에도 그는 불평하거나 저항할 수 없었다. 그 대신에 그는 내적인 평화와 행복의 상태에 있었다.

16세에 대학입학자격 시험에 합격하였지만, 아버지는 그의 동생들을 전부 공부시키기에는 역부족이었다. 그래서 그를 라호르에 있는 대학으로 보낼 여유가 없었다. 그는 대학을 포기하고 직업을 택해야 했다. 신문의 광고를 보고 교정용 기구와 스포츠용품을 파는 회사에 입사했다. 그 일자리는 온 인도를 다니는 세일즈맨 자리였다. 그는 또 봄베이에 적을 두고 있는 또 하나의 세일즈 자리를 얻었다. 그곳은 대우가 좋았다. 그래서 가족을 봄베이로 오게 하였다. 가 족을 부양하고도 돈이 남아 리얄푸르에 있는 부모님을 도왔다.

1930년, 푼자가 20살이 되자 그의 아버지는 그가 결혼할 때가 되었다고 했다. 그의 아버지는 큰 읍의 역무원이었던 비디야바티라는 브람민 소녀를 찾아냈다. 찬성하지 않았지만 그는 피할 수 없었다. 그는 가장이 되었고 나중엔 딸 하나와 아들 하나를 두게 되었다. 그 이후 몇 년간은 그의 민족주의 정치에 대한 관심과 크리슈나에 대한 관심이 서로 경쟁하는 시기였다.

제2차 세계대전이 한창일 때, 영국은 인도 병사들을 적극적으로 모집했다. 슈리 푼자는 1942년 4월, 영국이 세운 인도사관학교에 입학하였다. 군대에서 전술, 군사학 등을 배워 나중에 영국 정부에 대항할 수 있는 능력을 키우고자 하는 목적이었다. 그러나 그의 내면에서 여전히 타고 있는 영적 불을 억제할 수는 없었다. 사관학교를 졸업하자 그는 소위로 임관되었다. 처음 그의 자리는 병참 장교였다. 이상하게 들릴지 모르겠지만 크리슈나에 대한 그의 집요함과 인간에 대한 강렬한 사랑은 이 군대 기간에도 그대로 유지되었다. 크리슈나를 생각할 때마다 희열의 물결이 그를 압도하곤 하여 몸을 가눌 수 없을 정도였다. 한번은 길거리를 걸어갈 때 누가 크리슈나라는 이름을 말하자 그는 길 한가운데에서 황홀경 속으로 들어가기도 하였다. 낮에는 장교로서 엄격하게 생활하고 밤에는 문을 잠그고 자신을 크리슈나 고피로 변형시키곤 했다. 그는 어렸을 때만큼 크리슈나가 자주 나타나 주길 원하였다. 크리슈나에 대한 사랑이 더욱더 증가되어, 그 이외의 것은 생각할 수 없게 되자 그의 앞에 크리슈나가 나타났다. 그러면 그의 열정은 더욱 고조되어 이제 다른 것은 생각할 수가 없었다. 그는 또 그들의 혁명 계획들이 비현실적이라는 것도 깨달았다. 군대는 크리슈나에 전념하기를 좋아하는 사람들에겐 적당한 곳이 못 되었다. 전시에 그러기 어려웠지만 그는 사임을 허락받았다.

그는 리얄푸르에 있는 집으로 돌아왔고, 아버지의 격노에 부딪쳤다. 아내와 가족을 부양해야 할 그가 아무런 대책도 없이 전도유망한 사관학교 장교직을 포기한다는 것은 용서할 수 없는 일이라는 것이었다. 그것은 사실이었다. 군대에서 그는 좋은 직위를 차지할 수 있었다. 사관학교 시절의 그의 모든 급우들은 1947년 인도가 영국으로부터 독립하자 군의 요직 대부분을 차지했다.

군대를 떠난 뒤 그는 달리 직업을 구할 마음이 없었다. 대신 크리슈나에 대한 그의 사랑이 완전하도록 도와줄 영적 스승이 필요했다. 그는 자신이 기대하는 스승을 찾아다녔다. 단, 그 스승은 반드시 그 자신이 신을 본 사람이어서, 그에게 신을 보여 줄 수 있는 능력을 지닌 사람이어야 했다. 그는 이 기준을 가지고 인도 전역을 다녔다. 거의 모든 유명한 아쉬람이나 구루들을 찾아다녔다. 결국, 그는 그에게 신을 보여 줄 수 있다는 사람을 만날 수 없었다. 그래서 그의 긴 여정은 끝을 맺었다.

리얄푸르에 있는 가족들에게로 돌아온 뒤의 일이었다. 그의 삶을 변화시킬 한 사두가 그의 집 대문 앞에 나타나 음식을 청했다. 그는 안으로 사두를 들게 하여 약간의 음식을 제공하고 그의 마음에 크게 자리 잡고 있는 질문을 하였다. "당신은 저에게 신을 보여 주실 수 있습니까? 만일 못한다면, 그렇게 할 수 있는 사람을 압니까?" 놀랍게도 사두는 그에게 긍정적인 대답을 주었다. "예, 나는 당신에게 신을 보여 줄 수 있는 한 사람을 알고 있습니다. 당신이 가서 그 사람을 만난다면, 당신의 소원은 잘 이루어질 것입니다. 그의 이름은 라마나 마하리쉬입니다." 그 이름을 들어 본 적이 없었기 때문에, 그는 마하리쉬가 어디에 살고 있는지 물었다. "슈리 라마나스라맘, 티루반나말라이에 있습니다."라고 사두는 말했다. 그는 그 장소를 들어 본 적이 없었다. 그래서 거기로 가는 방향을 물었다.

사두는 그가 찾아갈 수 있도록 자세하게 위치도 가르쳐 주었다. "마드라스로 가는 기차를 타세요. 마드라스에 도착하면 에그모어 역으로 가세요. 거기서 기차를 타고 빌루푸람으로 가세요. 거기서는 기차를 갈아타야 합니다. 거기에서 티루반나말라이로 가는 기차를 타세요."

그는 다소 복잡한 기분이 들었지만 인도에서 자신에게 신을 보여줄 한 사람이 있다는 사실을 알고 행복해했다. 그는 아버지에게 또 한 명의 스와미를 만나기 위해 남쪽으로 떠나야 하겠다고 말했다. 아버지는 분노를 터뜨렸다. "아내와 자식들은 다 어떻게 하고…… 군대를 그만둔 것도 부족해서…… 영적인 모험에 미쳐 인도의 끝으로 달려가야만 하는가……"

얼마 안 되어 그는 우연히 신문에서 마치 자신을 위해 있기라도 하듯 마드라스에서 전직 장교를 구한다는 광고를 보게 되었다. 그는 채용되었다. 마드라스로 가는 차비뿐만 아니라 한 달간의 시간적 여유도 가지게 되었다. 마하리쉬를 만나러가기 위한 돈과 그의 곁에서 지낼 기회를 갖게 된 것이다. 뿐자의 나이 31세, 1944년이었다. 그는 사두가 일러준 대로 기차를 타고 티루반나말라이로 갔다. 거기서 약 3km 정도를 소가 끄는 마차를 타고 아쉬람에 도착했다. 이어 그는 그에게 신을 보여 줄 수 있다는 그 남자를 찾았다. 그런데 건물의 창문을 통해서 보니 펀잡의 집에 왔던 그 사두가 소파에 앉아 있는 것이 아닌가! 그는 혐오감이 치밀었다.

"이 남자는 사기꾼이다. 펀잡의 우리 집에 나타나서 나에게 티루반나말라이에 가라고 말한 뒤, 기차를 타고 먼저 와서 여기에 있는 것이 아닌가."

"당신은 북쪽에서 오지 않았소? 당신은 북부 사람처럼 보입니다."

"예, 그렇습니다."라고 그가 말했다. 푼자가 지금 떠나려 한다는 것을 알고 그가 말했다.

"당신은 방금 도착하지 않았습니까? 한 이틀쯤 머물다 가시지요."

그는 그동안 자신에게 일어난 일을 모두 이야기했다. 그리고는

"이 사람은 온 나라를 다니면서 자신을 선전했습니다. 나는 그를 보고 싶지 않습니다. 이 사람이 정말로 신을 보여줄 수 있다면, 나를 만나러 왔던 펀잡에서 왜 신을 보여 주지 않았습니까? 나는 이런 사람을 보는데 흥미가 없습니다."

"아닙니다. 당신이 잘못 아셨습니다. 라마나 마하리쉬는 48년 동안 이

읍을 떠나지 않았습니다. 당신이 사람을 잘못 보았거나 아니면 라마나님이 자신의 힘을 통해 몸은 여전히 여기에 있으면서 펀잡에 자신을 나타내셨을 겁니다. 미국에서 온 한 여인도 여기 와서 비슷한 이야기를 하였습니다. 당신은 실수하지 않았다고 장담할 수 있습니까?"

푼자는 미심쩍기도 하였지만 호기심이 생겨서 그의 제안을 받아들이고는 그를 따라 들어갔다. 그는 마하리쉬를 만나 펀잡의 그의 집에서 생긴 일에 대해 물어볼 생각이었다. 아쉬람에서 점심을 먹은 후, 그는 건물 안으로 따라 들어갔다. 혼란스러운 상태에서 그는 마하리쉬에게 물었다.

"당신은 펀잡의 제 집에 저를 보러 온 분이 아닙니까?" 마하리쉬는 말없이 조용히 있었다.

"당신은 저희 집에 와서 제가 여기에 오도록 하지 않았습니까? 저를 여기로 오게 한 사람이 맞습니까?"

마하리쉬는 그의 어떤 질문들에도 대답하지 않으려 했다. 그래서 그는 아쉬람을 방문하게 된 주된 목적을 말했다.

"당신은 신을 본 적이 있습니까? 만약 당신이 신을 보았다면, 저에게 신을 보여 줄 수 있습니까? 그렇게 하신다면 저의 모든 것을 드리겠습니다."

"아니오. 나는 당신에게 신을 보여 주거나 볼 수 있도록 해줄 수 없습니다. 신은 보일 수 있는 대상이 아니기 때문입니다. 신은 주체요, '보는 자'입니다. 보일 수 있는 대상에 관심을 가지지 마십시오. '보는 자'가 누구인지 발견하십시오. 당신이 바로 신입니다."

마하리쉬의 말은 마치 자신으로부터 멀리 떨어져 있는 별개의 신을 밖에서 찾고 있는 그를 책망하는 것처럼 들렸다. 마하리쉬의 말은 그에게 감명을 주지 못했다. 만일 마하리쉬가 그에게 "당신이 바로 당신이 보기를 원하는 신입니다."라는 말을 한 직후에 일어난 다음과 같은 일련의 체험이 없었더라면 그는 마하리쉬의 말을 무시했을 것이다.

그는 마하리쉬의 현존 아래 매우 강력한 경험을 하긴 하였지만,

"그대가 바로 신입니다. 보는 자가 누구인지 발견하십시오."라는 마하리쉬의 충고는 강하게 와 닿지 않았다. 바깥에 있는 신을 찾아내려는 그의 경향성은 마하리쉬의 말이나 그와 더불어 가졌던 이런 경험만으로는 사라지지 않았다. 그는 생각했다. "초콜릿이 되는 것은 좋지 않다. 나는 초콜릿을 맛보고 싶다." 그는 신과 별개의 존재로 남아서 신과 결합하는 희열을 누리려고 하였다.

그날 오후, 아쉬람에 헌신자들이 왔을 때, 광적인 크리슈나 박타인 그

의 눈은 편견으로 가득 차 있었다. 그의 눈으로 보았을 때, 그들은 그냥 고요히 앉아서 아무것도 하지 않고 있었다. 신에 대한 말도 하지 않았으며 신의 이름을 암송하거나 신에게 주의를 고정시키지도 않았다. 마하리쉬도 아무것도 하지 않고 그냥 앉아 있었다. 푼자는 영적으로 게으른 이런 사람들과 함께 아쉬람에 남아 있고 싶지 않았다. 그는 아루나찰라의 북쪽으로 길을 떠났다. 몇 킬로미터 떨어지지 않은 숲속에 아주 조용한 장소를 발견했다. 그는 거기에 앉아서 누구의 방해도 받지 않고 혼자 크리슈나의 이름을 암송했다.

약 일주일을 거기에 머물면서 그는 헌신의 수행에 몰입했다. 크리슈나가 자주 그 앞에 나타났으며 그와 더불어 많은 시간을 보냈다. 일주일이 다 되어 갈 때, 그는 새 직업을 준비하기 위해 마드라스로 떠나야겠다고 생각했다. 마을을 떠나면서 푼자는 마하리쉬에게 작별 인사도 하고 또 자신의 노력으로 신을 매일 볼 수 있었기 때문에 신을 보기 위해선 이제 그의 도움이 필요 없다는 것을 말하기 위해 아쉬람에 들렀다.

그를 보자, 마하리쉬가 물었다.

"어디에서 지냈습니까?"
"산 다른 쪽에 있었습니다."
"그러면 거기에서 무엇을 하고 있었습니까?"

"저의 크리슈나와 놀고 있었습니다."

"오, 그래요?"

"아주 좋습니다. 정말 굉장합니다. 당신은 지금도 그를 봅니까?"

"아닙니다, 제가 비전을 가질 때만 크리슈나를 봅니다."

"그러니까, 크리슈나가 와서 당신과 같이 놀고 그리곤 사라지는군요. 나타났다가 사라지는 신이 무슨 소용이 있겠습니까? 만약 그가 정말로 신이라면, 그는 당신과 늘 함께 해야만 합니다."

그의 비전 경험에 대해 마하리쉬가 관심을 보이지 않자 그는 다소 의기소침했다.

마하리쉬는 그에게 바깥에 있는 신을 찾지 말고, 신을 보고자 원했던 그 사람의 근원과 바탕을 찾으라고 하였다. 이것은 그가 받아들이기엔 아주 힘든 일이었다. 크리슈나에 대한 헌신으로 평생을 보낸 그에게 인격을 가진 신 대신에 다른 어떤 방식으로 영적 탐구를 한다는 것은 생각할 수 없는 일이었다.

마드라스로 돌아와 크리슈나에 대한 찬가를 하려고 했을 때, 그는 더 이상 크리슈나의 이름을 반복할 수 없음을 알게 되었다. 어떤 이유에서였는지 그의 마음은 협력하지 않았을 뿐더러 그는 더 이상 영적 도서들을 읽을 수도 없었다. 그의 마음은 생각으로부터 자유로웠으며, 고요한 그의 마음은 그 어떤 영적 대상들에 대한 집중이나 주의도 거부하였다. 약 25년 동안 신성한 이름이 노력을 하지 않는데도 그의 마음을 통하여 흘러나왔었다. 이제 그는 그 이름을 단 한 번도 부를 수 없었다.

그는 다시 한 번 티루반나말라이에 있는 마하리쉬에게 생각이 갔다. '이 사람은 펀잡의 나의 집에 나타나서 티루반나말라이에 있는 그에게로 와서 만나라고 하지 않았던가. 나는 그와 함께 앉아 있을 때 좋은 경험을 했다. 이 사람은 분명히 나에게 충고를 해줄 수 있을 것이다. 그는 마드라스에 있는 나에게 나타나기도 하였다. 이렇게 두 번이나 나에게 나타난 것은 강한 연결이 있음을 의미한다. 나는 거기로 가서 그가 하는 말을 들어야겠다.'

그다음 주 토요일, 그는 기차를 타고 마하리쉬가 있는 아쉬람으로 갔다. 그때와 마찬가지로 점심 식사 후에 그는 마하리쉬를 만나러 들어갔다. 시중드는 사람이 마하리쉬가 쉴 시간이라며 나중에 오라고 하였지만, 이를 본 마하리쉬가 허락하였다. 그는 마하리쉬 앞에 앉아서 자신의 이야기를 하였다.

"25년 동안 저는 크리슈나의 이름을 되풀이해 부르며 보냈습니다. 더구나 최근엔 그의 이름을 하루에 50,000번이나 암송했습니다. 그때 라마, 시타, 락슈만 및 하누만이 제 앞에 나타났습니다. 그들이 떠난 이후로, 저는 더 이상 제 수행을 할 수 없었습니다. 더 이상 크리슈나의 이름을 암송할 수 없을 뿐더러, 책을 읽을 수도 없고 명상을 할 수도 없습니다. 그렇지만 내적으로는 큰 고요를 느끼고 있습니다. 염려스러운 것은 저 자신이 더 이상 신에 집중하고픈 욕구가 일어나지 않으며, 집중하려고 노력을 해도 집중이 되지 않는다는 것입니다. 제 마음은 신에 대한 생각들에 관여하기를 거절하고 있습니다. 저에게 무슨 일이 일어났으며 저는 어떻게 해야 합니까?"

"마드라스에서 여기까지 어떻게 왔습니까?"

"기차로 왔습니다."

"그러면 티루반나말라이 역에 도착한 뒤에는 무슨 일이 일어났습니까?"

"기차에서 내려 기차표를 건네주고, 소가 끄는 이동수단을 타고 여기 아쉬람까지 왔습니다."

"아쉬람에 도착하여 소가 끄는 마차꾼에게 돈을 지불하고 난 다음에, 소가 끄는 마차에 무슨 일이 일어났습니까?"

"그 소가 끄는 마차는 떠났습니다. 추측하건대 읍으로 돌아갔을 겁니다."

"그 기차는 당신을 목적지까지 데려다 주었습니다. 당신은 기차에서 내렸습니다. 왜냐하면 더 이상 당신에겐 기차가 필요 없었기 때문입니다. 기차는 당신이 원하는 곳까지 당신을 데려다 준 것입니다. 소가 끄는 마차도 이와 마찬가지입니다. 소가 끄는 마차가 그대를 라마나스라맘에 데려다주자 당신은 마차에서 내렸습니다. 당신은 더 이상 기차나 마차가 필요하지 않습니다. 그것들은 당신을 여기까지 데려오는 수단이었습니다. 지금 당신은 여기에 있고, 그것들은 더 이상 당신에겐 소용이 없습니다. 이것이 당신의 수행에서 일어난 일입니다. 당신의 암송, 독서, 명상은 당신을 영적 목적지까지 데려다주었습니다. 당신은 더 이상 이러한 것들이 필요하지 않습니다. 당신은 도착하였습니다."

그러고 나서 마하리쉬는 그를 깊이 바라보았다. 푼자는 자신의 몸과 마음이 순수의 물결로 씻기는 것을 느낄 수 있었다. 몸과 마음이 마하리쉬의 고요한 응시에 의해 정화되어 가고 있었다. 그는 마하리쉬가 그의 가슴속을 주의 깊게 바라보고 있음을 느꼈다. 그 황홀케 하는 응시로 옛 몸은 죽고 새로운 몸이 만들어지고 있었다. 그때 갑자기 그는 이해했다. 지금 그에게 말을 건네고 있는 이 사람이 그 자신이었으며, 늘 그 자신으로 있어 왔음을……. 나를 깨닫게 되자 갑작스러운 충격이 그에게 왔다. 이것은 그가 여덟 살 때 망고 음료가 가득한 컵을 받을 수 없었던 때와 같은 깊은 평화와 충만한 행복감이었다. 슈리 푼자는 일어나서 마하리쉬 앞에 깊은 감사를 느끼며 엎드려 절했다.

그는 마하리쉬의 가르침이 무엇인지를 마침내 이해하게 되었다. 마하리쉬는 그에게 정확히 통찰하여, 형상을 가진 어떤 인격적 신에게도 집착하지 말라고 한 것이다. 모든 형상들은 죽어 없어지기 때문이었다. 마하리쉬는 푼자에게 실재이며 영원한 것을 향해 가도록 첫 만남에서부터 노력하였으나, 오만하게도 푼자는 마하리쉬의 충고에 주의를 기울이지 않았던 것이다.

"나는 누구인가?" 이것은 그가 오래전에 물었어야 했던 단 하나의 질문이었다. 그는 여덟 살 때 나를 직접적으로 체험했으면서도 그곳으로 되돌아가기 위해 그의 나머지 생을 보낸 것이다. 그의 수많은 사두들과 스와미, 구루들을 만났지만 아무도 그에게 마하리쉬가 한 것처럼 간결하게 "신은 당신 안에 있습니다. 신은 당신과 떨어져 있지 않습니다. 당신이 바로 신입니다. 만약 당신이 '나는 누구인가?'라는 물음을 그대 자신에게 물어 자신의 마음의 근원을 발견한다면, 당신은 당신의 가슴속에 있는 나로서의 신을 경험하게 될 것입니다."라고 말하지 않았다. 만약 그가 좀 더 일찍 마하리쉬를 만나 마하리쉬의 가르침을 듣고 실천했더라면 그는 결실 없는 외적 추구는 아마 하지 않았을 것이다.

그러는 중에 슈리 푼자는 이상한 만남들을 통하여 가르침을 펼치기 시작한다. 1947년, 푼자가 육체적으로 마하리쉬를 떠나려 할 때, 마하리쉬는 그에게 말했다. "당신이 어디에 있든 나는 항상 당신과 함께 있습니다." 이것이 마하리쉬의 약속이었고, 푼자는 이것을 체험하고 있었다. 슈리 푼자라고 불리는 사람은 더 이상 남아 있지 않았다. 그가 있었던 곳에는 공만이 있었다. 그 공 안에는 빛나는 나, 나의 실재인 나, 나의 스승이 신 나, 어디서든 항상 그와 함께 한다고 스승이 약속한 나가 빛나고 있었다. 그가 말할 때마다, 말하고 있는 자는 푼자가 아니라, 라마나 마하리쉬의 나, 모든 존재들의 가슴속에 있는 나가 말하고 있다.

마하리쉬의 한 번의 바라봄만으로 슈리 푼자의 윤회의 연속들이 파괴된 것이다. 그가 나를 깨닫게 되자, 그 즉시 시간, 세상, 그리고 그 속에 살고 있는 모든 생명들이 실재하지 않는 것이라는 것을 알게 되었다. 그는 "이제 어떤 것도 존재한 적이 없었다. 무엇도 일어난 적이 없었다. 변하지 않는, 형상 없는 나만이 오직 존재한다."고 말할 수 있게 되었다.

그는 보이지 않는 아쉬람을 갖고 있었으며, 전통적인 의미로 보았을 때 그는 보이지 않는 스승의 삶을 살았다. 그의 삿상에 참여한 구도자들은 그의 말과 친존에서 기쁨의 웃음을 터뜨렸으며, 햇살처럼 펼쳐지는 행복감에 깊이 잠겼다. 1997년 9월 6일, 슈리 푼자는 육신을 버리고 마하사마디에 들었다.

# 용어풀이

강가 ganga 성자 바기라타(Bhagiratha)의 탄원과 고행의 힘으로 지상에 내려온 여신의 이름이자, 인도인들이 갠지스강을 부르는 이름.

갸네쉬바르 Jnaneshvar (1271–1296) 갸나데바(Jnanadev)라고도 불림. 형이자 구루인 니브리티나스로부터 가르침을 받았으며 마하라쉬트라 주에 박티의 물결을 일으킨 성자이다. 『바가바드 기타』의 주석서인 유명한『갸네쉬바리』를 마라티 어로 남기고 젊은 나이에 스스로 사마디에 들어갔다.

갸니 jnani 아는 자, 해방된 자 혹은 깨달은 자. 지식 그 자체인 자.

고피 gopi 브린다반에서 슈리 크리슈나와 더불어 유희하고 춤추었던 소치기 여인들. 사랑으로 물든 헌신의 전형. 일반적으로는 크리슈나의 여성 헌신자를 일컫는 말이다.

구루 guru 글자 뜻 그대로는 '어둠을 물리치는 자' . 스승.

니르바나 nirvana 모든 갈망들이 소멸됨으로 오는 깨달음의 상태를 가리키는 불교 용어.

니르비칼파 사마디 nirvikalpa samadhi 아무런 차별도 일어나거나 지각되지 않는 사마디 상태. 지고의 초월의식 상태. 브라만과의 합일에서 오는 희열의 사마디.

다르마 dharma 글자 뜻 그대로는 '견디는, 지지하는'. 올바른 행위에 관한 영원한 원리. 덕. 신성한 법. 종교적 전통.

달샨 darshan '봄'을 의미함. 특히 성자나 신을 보는 것.

도비 dobi 세탁부

두르가 Durga 힌두 여신의 이름. 글자 뜻 그대로는 '알기 어려운'. 주로 아삼, 벵갈 등지에서 숭배된다.

데바 deva 천상에 거주하는 존재들. 신성한 존재. 여성형은 데비(devi)임.

디야나 dhyana 명상

라다 Radha 크리슈나가 사랑한 여인들 중 하나이며 여신 락슈미의 화신으로 여겨짐.

라마나 마하리쉬 Ramana Maharshi (1879–1950) 파파지의 구루. 현대인들에게 강렬한 영향을 끼친 20세기 인도의 위대한 성자. 생애의 대부분을 티루반나말라이에서 보냈으며, 주로 침묵을 통하여 가르침을 주었음.

라마나스라맘 Ramanasramam 1922년에 세워진, 남인도 티루반나말라이에 있는 슈리 라마나 마하리쉬의 아쉬람. 슈리 라마나는 그의 삶의 마지막 28년을 여기에서 보냈다.

라마야나 Ramayana 라마의 일대기를 그린 인도의 위대한 서사시. 원본은 발미키가 산스크리트로 지었으며, 이것을 툴시다스가 힌디어로 개작하였음. 인도에서 가장 유명한 경전들 중의 하나.

락슈만 Lakshman 다사라타 왕의 아들. 라마의 일대기를 그린 『라마야나』에 나오는 위대한 왕자로서 라마의 배다른 형제이자 동료. 람과 시타가 숲으로 유배를 갈 때 함께 동행을 했다. 늘 라마의 왼편에 서 있다고 묘사되고 있으며 충성을 상징한다. 락슈마나로도 불린다.

라마 Rama 비슈누 신의 일곱 번째 화신. 인도의 위대한 서사시『라마야나』에 나오는 영웅. 람으로도 불린다.

라마야나 Ramayana 라마의 영웅적인 일대기를 그린 서사시.

리쉬 rishi 글자 뜻 그대로는 '보는 자'. 내적 비전으로 그 자신에 대한 진리를 보는 자.

릴라 leela 글자 뜻 그대로는 '놀이' 혹은 '유희'. 물질적 우주의 창조 뒤에 있는 영적 목적.

마야 maya 신들의 신비한 힘, 지혜 혹은 기술. 그러므로 기만이나 환영의 힘이 된다. 베단타에서 이 말은 무지와 동의어로 사용되며, 절대 존재인 브라만을 가리고 있는 우주적 환영을 의미하기도 한다.

마하 사마디 maha samadhi 깨달음을 얻은 존재가 육체를 떠나는 것.

마하트마 mahatma 글자 뜻 그대로는 '위대한 영혼'. 깨달음을 얻은 성자.

마헤쉬 Mahesh 파괴의 신 쉬바의 다른 이름.

만트라 mantra 구루가 제자에게 주는 신성한 말이나 음절. 만트라를 반복하는 것은 가장 보편적인 수행법 가운데 하나이다.

바가바드 기타 Bhagavad Gita 글자 뜻 그대로는 '신의 노래' 혹은 '천상의 노래'. 기원전 2세기경 지어진 것으로 추정되며, 힌두교의 3대 경전 가운데 하나로 여겨진다. 마하바라타 전투에서 신 크리슈나가 왕자 아르주나에게 준 영적 가르침들이 담겨 있다.

바가바탐 Bhagavatam 바가바타 푸라나, 혹은 슈리마드 바가바탐이라고도 한다. 750년경 비야사가 정리한 크리슈나의 일대기.

바가반 Bhagavan 신. 비슈누와 쉬바의 다른 이름. 슈리 라마나 마하리쉬의 이름들 중 하나.

바기라타 Bhagiratha 자신의 숭배와 금욕 수행으로 천상에 거주하는 강가 여신을 지상에 내려오게 한 전설적인 성자.

바사나 vasana 미묘한 갈망. 행위를 하거나 행위를 즐김으로 사람 속에 형성된 경향성. 행동으로 다시 나타날 수 있는, 무의식의 마음 안에 저장되어 행위의 미묘한 인상.

바이쿤타 vaikunta 비슈누의 거처.

바잔 bhajan '사랑하는, 숭상하는, 숭배하는'이라는 뜻. 헌신의 노래 혹은 시.

박타 bhakta 신을 사랑하는 자. 헌신자. 박티의 길을 따르는 사람.

박티 bhakti 신에 대한 사랑이 담긴 헌신.

베단타 vedanta 글자 뜻 그대로는 '베다의 끝'. 『우파니샤드』, 『바가바드 기타』 그리고 『브라마 수트라』등에 기초한 인도인들의 사고 체계. 순수한 비이원론의 교리.

보디사트바 bodhisattva 모든 존재를 깨닫게 하기 위하여 자신의 니르바나를 미룬 존재.

브라마 Brahma 힌두 우주론에서 우주에 처음 나타난 의식의 마음. 창조의 신.

브라마 로카 Brahma Loka 브라마가 거주하는 곳.

브람만 Brahman 절대적 실재. 궁극의 진리. 존재의식희열의 상태. 형상이 없는 비이원적인 절대적 존재.

비데하 묵티 videha mukti 절대 존재와 완전히 하나가 된 상태로서 모든 신체

의식을 잃음.

비슈누 Vishnu '걷는 자' 혹은 '퍼져 있는 자'라는 뜻. 보존의 신. 마야를 다스리고 다르마를 보호하는 자.

비차라 vichara 탐구.

빅샤 bhiksha 적선으로 받은 음식. 그러한 음식을 주는 것.

브린다반 Vrindavan 크리슈나가 유년 시절을 보낸 장소. 브란다(Vrinda)는 성스러운 나무 툴시(Tulsi)의 다른 이름이며, 반(van)은 숲 혹은 언덕을 의미함.

사다나 sadhana 글자 뜻 그대로는 '목표로 곧장 가는, 성공적인'. 성공을 가져오게 하는 깨어 있는 영적 수행.

사두 sadhu 고행을 하는 성자. 사다나를 하는 사람. 보통은 출가 승려를 가리킨다.

사라스와티 Saraswati 지식, 학문, 성스러운 언어와 음악의 여신.

사르바디카리 sarvadhikari 아쉬람의 살림을 책임지고 있는 사람.

사마디 samadhi 강렬한 희열 내지 초월의식의 상태. 주체와 객체의 구분이 초월된 인간 의식의 가장 높은 상태.

사트빅 sattvic 순수한, 깨끗한.

사하자 sahaja 글자 뜻 그대로는 '자연스러운'. 사하자 사마디는 자연스러운, 완전히 깨달은 상태를 말한다.

산야사 sannyasa 포기의 삶. 세상을 버리고 적선을 받아 살면서 해방을 삶의 유일한 목표로 함. 인도인들은 삶의 넷째 단계로 이것을 받아들이는 전통이 있음.

산야신 sannyasin 산야사를 받아들이기로 맹세한 사람.

삼사라 samsara 깨닫지 못한 마음에 주로 일어나는, 이름과 형상들로 이루어진 세상. 삶과 죽음의 지속적인 윤회.

삼스카라 samskara 이전의 삶의 결과로 남겨진 마음의 습관 혹은 경향성.

삿구루 satguru 진정한 깨달음에 이른 사람. 진정한 스승.

삿상 satsang 글자 뜻 그대로는 '진리와 함께 함'. 깨달은 성자와 대화를 하거나 함께 하는 것. 그러한 모임을 이루고 있는 제자들이나 구도자들의 무리. 사람을 진리로 향하여 나아가게 하는 대화. 정통 힌두교의 영적 삶에서 가장 성스럽고 필수적인 내용으로 받아들이고 있음.

삿상 바완 Satsang Bhavan 파파지가 삿상을 주었던 건물 이름. 럭나우에 있음.

샥티 shakti 신성한 에너지.

샨티 shanti 평화.

수트라 sutra 깨달음에 관한 경전.

스와미 swami 글자 뜻 그대로는 '자기 자신의', '자기 자신의 주인'. 원래는 나를 깨달은 사람. 구루. 선배 수행자를 높여 부르는 말로도 쓰임.

시다 siddha 깨달은 존재. 많은 시디들을 통달한 사람.

시디 siddhi 글자 뜻 그대로는 '완성을 이룬, 성공한'. 요가 수행을 통하여 얻는 초인간적인 힘.

시타 Sita 비데하의 왕 자나카의 딸. 비슈누의 일곱 번째 화신인 라마의 아내. 그들의 이야기가 『라마야나』에 나와 있음. 정숙한 여인으로 알려져 있음.

아난다 ananda 희열.

아다르마 adharma 다르마가 아닌 것.

아드바이타 advaita 글자 뜻 그대로는 '둘이 아닌'. 비이원론. 절대적 유일성. 베단타의 한 학파.

아드바이틴 advaitin 아드바이타의 가르침을 따르는 사람.

아루나찰라 Arunachala 글자 뜻 그대로는 '붉은 산'. 남인도 타밀나두 주의 티루반나말라이에 있는 성스러운 산. 쉬바 신이 이 산의 모습으로 나타났다고 함.

아바두타 avadhuta 글자 뜻 그대로는 '벗어버린' 혹은 '떨쳐 버린'. 자신의 깨달음이 너무나 강하여 모든 사회 종교적 관습들과 모든 외적 구분들을 던져 버린 깨달은 존재.

아쉬람 ashram 현자, 요기 그리고 그들의 제자들이 거주하는 숲속 은거처.

아트만 atman 모든 존재들 내에 있는 불멸의 진정한 나. 브라만과 하나임. '아트마'라고도 함.

야주르 베다 Yajur Veda 네 베다들 중의 하나. 신성한 의식들에 따라 찬송되는 희생 공식들로 되어 있음.

옴 om 모든 창조들이 일어나게 하는 최초의 소리.

요기 yogi 요가를 수행하는 사람. 신과 하나 되기 위하여 열렬히 노력하는 사람.

우파니샤드 Upanishad 글자 뜻 그대로는 '가까이 앉는'. 베다의 의미를 상세하게 설명해 놓은 신비서. 108개가 있음.

자파 japa 입문 시 스승으로부터 신의 이름이나 신성한 음절로 된 만트라를 받고 이것을 반복함. 은총이나 신의 비전 혹은 나 지식을 얻기 위하여 반복함.

자가나스 jagnas 금욕 생활을 하는 수행자들이 은총을 얻기 위하여 신들에게 기도 드렸던 장소. 악마가 불경스러운 행위를 함으로써 그 성스러운 기도 장소를 망쳐 놓을 수도 있다.

제이 시타람 Jai Sitaram 람과 람의 아내 시타를 기리는 만트라.

지바 jiva 환생하는 영혼

지반 묵티 jivan mukti 해방된 영혼. 살아 있으면서 해방을 얻은 자.

차크라 chakra 인간의 미세한 몸 안에 있는 에너지의 중심.

치트라쿠트 Chitrakoot 람과 시타가 14년의 유배 기간 중 11년을 보냈던 유배지.

칫다르만 chitdarman 소원을 이루어주는 보석.

카르마 karma 글자 뜻 그대로는 '행위' 혹은 '일'. 인과응보의 법칙. 모든 행위에 수반되는 도덕적 힘.

칼파 kalpa 시간의 우주적 주기. 네 번의 오천 년이 한 칼파임.

크리슈나 Krishna 글자 뜻 그대로는 '검은 자' 혹은 '영혼을 끌어당기는 자'. 비슈누의 여덟 번째 화신. 그의 피리 연주와 유희하는 모습들이 많은 고피들을 매혹시켰음. 목동의 신이자 사랑의 신. 마하바라타 전쟁 중 아르주나에게 준 그의 가르침이 『바가바드기타』임.

키르타 kirta 헌신 수행. 키르탄이라고도 함.

타파스 tapas 글자 뜻 그대로는 '열'. 요가 수행 중 하나. 힌두이즘에서는 어떤 형태의 억제 혹은 수행(심리적 열)이 변형을 위해서 필요하다고 받아들이고 있음.

티루반나말라이 Tiruvannamalai 남인도 타밀나두 주에 있다. 아루나찰라산과 라마나 마하리쉬 아쉬람이 있는 곳.

파라 아트만 Para Atman 지고의 아트만. 브라만을 의미함. 개인 안에 있는 아트만과 우주적 아트만을 구분하여 지칭하고자 할 때 사용함.

파르바티 Parvati 쉬바 신의 아내.

파파지 Papaji 슈리 푼자의 제자들은 그를 파파지라 부름. 아버지의 존칭임.

판디트 pandit 힌두 학자. 신성한 힌두 경전들에 근거하여 글을 쓰거나 가르치는 사람.

푸나 Puna 남인도에 있는 지명 이름.

푸루샤 purusha 우주적 차원의 근본 존재. 샹키야 철학에서는 실재의 영적 원리를 의미함.

푸자 puja 만트라, 얀트라, 찬가 그리고 불, 물, 꽃, 백단향 가루, 음식, 선물 등을 신이나 성자에게 바침으로 이들을 공경하거나 장식하는 행위.

프라즈나 prajna 글자 뜻 그대로는 '너머의 지식'. 초월적 지식. 자유 속에 내재하고 있는 지식. 갸나(jnana)와 같은 뜻.

하누만 Hanuman 라마와 시타를 늘 동행하였던 신 이름. 원숭이 모양을 하고 있음. '강한 턱을 갖고 있는 자'라는 의미.

하리 Hari 글자 뜻 그대로는 '붙잡는 존재'. 비슈누의 다른 이름.

하리랄 Harilal 슈리 푼자의 다른 이름.

슈리 푼자와의 삿상 2
# 그대는 누구인가

초판 1쇄 발행  2005년 1월 10일
개정판 1쇄 발행  2024년 11월 25일

지은이 슈리 푼자
엮은이 엘리 잭슨 베어
옮긴이 김병채

펴낸이 황정선
펴낸곳 슈리 크리슈나다스 아쉬람
출판등록 2003년 7월 7일 제62호
주소 경상남도 창원시 북면 신리길 35번길 12-12
대표전화 (055) 299-1399
팩시밀리 (055) 299-1373

전자우편 krishnadass@hanmail.net
카페 cafe.daum.net/Krishnadass

ISBN 978-89-91596-01-6 (03270)

printed in Korea

* 잘못 만들어진 책은 바꾸어 드립니다.